CB073962

Título do original norte-americano:
Success secrets: Letters to Matthew
Copyright © 2001 by Richard Webster

Segredos do sucesso: Cartas para Matheus
Copyright da tradução © Butterfly Editora Ltda. 2009
Direitos autorais reservados.
É proibida a reprodução total ou parcial, de qualquer forma ou por qualquer meio, salvo com autorização da Editora.
(Lei nº 9.610, de 19 de fevereiro de 1998)

Direção editorial: **Flávio Machado**
Assistente editorial: **Renata Curi**
Tradução: **Yma Vick**
Envelope da 4ª capa: **Timurd/Dreamstime.com**
Imagem de fundo da capa: **Monika Gn/Dreamstime.com**
Foto do autor: **Jason Fell**
Projeto gráfico e editoração: **Ricardo Brito/Design do livro**
Produtor gráfico: **Vitor Alcalde L. Machado**
Preparação: **Luiz Chamadoira**
Revisão: **Maria Aiko Nishijima**

Dados Internacionais de Catalogação na Publicação (CIP)
(Câmara Brasileira do Livro, SP, Brasil)

Webster, Richard
  Segredos do sucesso : cartas para Matheus / Richard Webster ; tradução Yma Vick. – São Paulo : Butterfly Editora, 2009.

  Título original: Success secrets : letters to Matthew
  ISBN 978-85-88477-89-6

  1. Autoajuda 2. Espiritualidade 3. Sucesso I. Título.

09-10322   CDD: 158.1

Índice para catálogo sistemático:
1. Sucesso : Psicologia aplicada   158.1

Butterfly Editora Ltda.
Rua Atuaí, 383 – Sala 5
Vila Esperança/Penha
CEP 03646-000 – São Paulo – SP
Fone: (0xx11) 2684-9392
www.flyed.com.br | flyed@flyed.com.br

Impresso no Brasil, na primavera de 2009 pela:
Corprint Gráfica e Editora Ltda.

1-10-09-4.000

SEGREDOS DO SUCESSO

CARTAS PARA MATHEUS

Richard Webster

Tradução
YMA VICK

BUTTERFLY
EDITORA

São Paulo – 2009

Para William,
nosso neto

Capítulo 1

Matheus desabou sobre a cadeira em sua sala e fechou os olhos. Eram três e meia da tarde. Não costumava chegar ao escritório antes das quatro e meia, mas o dia tinha sido terrível. Recusas, atrasos, frustrações e muito poucos pedidos. Começou a se perguntar por que continuava a trabalhar naquela área.

A porta se abriu e Duncan entrou, pálido e um tanto arqueado. Resmungou e sentou-se em sua cadeira.

– Parece que seu dia foi ruim como o meu – disse Matheus.

Duncan olhou, desanimado, em sua direção:

– Não foi, não – respondeu. – O meu foi pior. Mil vezes pior. A Lochiel nos dispensou.

Matheus ergueu-se na cadeira. A empresa Lochiel era o maior cliente da Brazier Corporation e todos na empresa invejavam Duncan por ser ele quem os atendia.

– Não. Não acredito! – disse, olhando bem para Duncan. – Você perdeu mesmo esse cliente?

O colega respondeu com um gesto de cabeça.

– Quem imaginaria que Roger Stacpole iria jogar sujo? Eu cheguei atrasado para a reunião. Uma hora e meia, para dizer a verdade – disse, esfregando a testa, desanimado. "Tentei telefonar para ele, mas não consegui. Pensei em deixar um recado com sua secretária, mas achei que ele não se importaria. Costuma ser tão calmo e despreocupado com horários."

– Mas o que aconteceu?

– Quando cheguei, ele tinha fechado negócio com a Carter. Disse que seria um contrato de três meses. Como vou contar a Wilbur? – suspirou e balançou a cabeça. Olhou então para Matheus. – Como foi seu dia?

Matheus sorriu.

– Não tão ruim quanto o seu. Quer que eu vá com você contar a Wilbur?

Duncan balançou a cabeça.

– Obrigado, mas acho que é melhor ir sozinho. E se vou ter de fazer isso, é melhor que seja agora.

Levantou-se e foi até a sala de Wilbur Aspac. Matheus ficou imaginando a expressão do gerente quando ouvisse a notícia.

Wilbur era um homem tranquilo, que evitava discussões e confrontos. Teria de visitar Lochiel para tentar resolver o problema e ouvir calma e humildemente tudo o que Roger Stacpole quisesse lhe jogar na cara. Mas valeria a pena, pensou Matheus. O contrato com a Lochiel rendia mais de cem mil dólares por ano. Mas e se não conseguissem o cliente de volta? O emprego de Wilbur estaria ameaçado? Não foi culpa sua Duncan ter se atrasado, mas, como gerente, o cliente era de sua responsabilidade.

Matheus suspirou e passou a mão nos cabelos. Concluiu que, quando pensamos ter muitos problemas, percebemos que outras pessoas têm ainda mais. Sua vida, porém, parecia ficar cada dia pior. Arrastava-se para visitar os clientes. Demorava demais em responder a telefonemas e *e-mails*. Qual era o problema? Seu pai tinha sido vendedor durante quase 50 anos e adorava o que fazia.

Talvez fosse hora de arranjar outro emprego. Passava horas pensando e não conseguia encontrar nenhuma outra área em que quisesse trabalhar. Não podia pedir demissão sem ter outro emprego em vista. Jennie poderia trabalhar também, mas com os dois filhos na escola e uma hipoteca para pagar não havia jeito.

Mexeu os ombros para trás para aliviar um pouco a tensão nas costas. "Pense positivo. Evite os pensamentos negativos", disse a si mesmo. Sorriu ao se lembrar das palavras de Wilbur Aspac para a equipe de vendas. "Se perceber que está tendo um pensamento negativo mude-o e torne-o positivo". Era algo fácil de dizer, mas nada fácil de colocar em prática.

A porta abriu-se lentamente e a cabeça de Sam Milligan surgiu, timidamente.

– Oi, Matheus – disse ele.

– Oi, Sam. Voltou cedo. Também teve um dia difícil?

Sam caminhou ansioso até sua mesa.

Matheus observou seu jeito de andar, o que deixou Sam ainda mais ansioso e sem graça. Sam era um dos melhores investimentos que Wilbur fizera na equipe. O rapaz começou trabalhando no estoque, foi promovido a vendedor e, apesar de toda a sua timidez, mostrou-se um excelente representante de vendas. Sua área, o nordeste, tivera um excelente resultado desde que ele a assumiu.

O pai de Matheus sempre dizia que era preciso ser extrovertido para se tornar um vendedor eficiente. No entanto, Sam estava se tornando o melhor vendedor da empresa e era o homem mais tímido que Matheus já vira. Sentou-se à mesa, abriu a pasta e tirou uma pilha de pedidos.

– Parece que seu dia foi bom – disse.

Sam olhou para ele rapidamente e baixou os olhos.

– Sim, foi. Obrigado.

Organizou as folhas cuidadosamente sobre sua escrivaninha impecavelmente arrumada e pegou uma caneta. Umedeceu os lábios, seus olhos circularam pela sala antes de encarar os de Matheus e falou:

– Matheus, posso lhe pedir um conselho?

Matheus se reclinou na cadeira e respondeu:

— Claro. Sinto-me honrado.
— Obrigado — engoliu, limpando, em seguida, a garganta. — Estou pensando em sair da empresa. Recebi uma proposta. Você acha que devo aceitar?

Matheus arregalou os olhos antes de indagar:
— É mesmo uma boa oportunidade?

Sam contou então que haviam lhe oferecido uma posição muito boa em uma empresa que estava começando no mercado. Entraria como sócio e teria grandes possibilidades de crescer.

— Se alguém me oferecesse uma chance dessas, eu não pensaria duas vezes — respondeu Matheus.

Sam mexeu nervosamente os pés embaixo da mesa e, coçando o nariz, falou:
— Obrigado. Estou mesmo tentado a aceitar. Mas como dizer a Wilbur?

Duncan entrou antes que Matheus pudesse responder. Pegou seu casaco e saiu sem perceber que Sam o tinha cumprimentado.

— Estou adiando há um bom tempo minha conversa com Wilbur. Mas parece que agora não tem mais jeito — disse Sam.

Matheus anotou rapidamente seus pedidos e os levou para Avril, a secretária de Wilbur. Era uma moça magra e simpática, de pouco mais de vinte anos que estava sempre sorrindo. Mas naquele momento seu sorriso habitual tinha sido substituído por uma fisionomia carregada.

– Ânimo! – Matheus disse a ela. "Olhe só quem fala", pensou consigo mesmo.

– Wilbur quer falar com você – disse Avril.

– Agora?

Ela respondeu com um gesto de cabeça.

– Mas Sam não está na sala dele?

– Já saiu. Pode entrar.

Wilbur lia uma folha que tinha acabado de tirar da impressora. Fez um gesto para Matheus sentar-se, enquanto terminava de ler. Depois, colocou o papel sobre a mesa e suspirou.

– Acho que você já sabe das novidades, não? – perguntou.

– Sobre a Lochiel? Sim – mas o gerente não parecia satisfeito com a resposta. Ficou em silêncio, querendo ouvir algo mais. – E sobre a saída de Sam. É uma grande perda.

Wilbur balançou a cabeça com ar triste. Seu rosto redondo e rosado, sob uma barba já grisalha, que sempre se mostrava tão alegre, naquele momento demonstrava desânimo.

– Vamos ter de trabalhar um pouco mais, Matheus.

Wilbur pegou a folha de papel, examinou por um instante e a colocou de volta sobre a mesa.

– Bem mais – disse. Seus olhos, sempre brilhantes, estavam tristes. – Suas vendas, por exemplo...

– Sei disso. Estou tentando melhorar esses números.

Wilbur suspirou profundamente.

– Está tudo bem? Você sabe que pode confiar em mim e me contar se estiver acontecendo alguma coisa, não?

– Sim, claro – respondeu com um gesto de cabeça.

– Tudo bem em casa? Jennie e os meninos estão bem?

– Sim. Viajaram. Estão na fazenda dos pais dela.

Ele só não mencionou que ela fora para a fazenda para descansar alguns dias e pensar sobre o futuro do casamento deles. Mas percebeu que Wilbur observava cada gesto seu.

– Estão com problemas, não? Há algo que eu possa fazer para ajudar?

– Agradeço, Wilbur, mas está tudo bem.

– Bem, fico contente – Wilbur sorriu. – Dois desastres em um dia é o máximo que posso aguentar. Mas estou preocupado com suas vendas. Você sempre teve números muito bons e estáveis, mas agora tem oscilado muito. Na verdade, ultimamente só vejo uma queda. Diga o que posso fazer para ajudá-lo a vender como antes.

Depois do dia estressante, Matheus parou em um bar no caminho de casa e tomou um drinque. Jamais tinha feito isso.

A casa parecia deserta sem a família. Abriu a geladeira, pegou uma cerveja e tomou. Depois esquentou no forno de micro-ondas o pote com a etiqueta "terça-feira" que Jennie deixara no congelador: "frango assado com cogumelos e macarrão". Matheus adorava aquele prato, porém, naquele momento, a comida lhe pareceu sem sabor. Sentou-se em frente à televisão e assistiu ao jornal. Mas não absorveu as informações. Eram somente imagens passando à sua frente.

Perguntava-se por que não contara a Wilbur sobre seus problemas. Afinal, todo relacionamento passa por crises. Por que não era capaz de se abrir? Seria bem melhor ter contado a Wilbur em vez de fingir que estava tudo bem. Mas sabia que ele teria ficado com pena, e isso era a última coisa de que precisava naquele momento.

Em um impulso, pegou o telefone e ligou para a casa de seus sogros, mas ninguém atendeu. Deixou um recado na secretária eletrônica.

"Desculpe-me por ligar tão tarde. Espero que esteja tudo bem por aí e que estejam aproveitando o passeio. Amo vocês. Boa noite."

Somente mais tarde, quando estava para se deitar, lembrou-se de que não tinha visto se havia cartas na caixa de correspondência. Foi verificar. Havia duas contas e um envelope branco com seu nome e endereço escritos à mão e com caligrafia perfeita.

De repente, viu-se trinta anos mais jovem, sentado na sala do colégio e assistindo a uma aula de História. O professor Nevin era a única pessoa que escrevia daquela maneira. Mas provavelmente havia morrido. Já estava com bastante idade naquela época. E por que lhe escreveria uma carta agora, depois de tanto tempo?

Levou a correspondência para dentro e sentou-se novamente em frente à televisão. O barulho começou a incomodar e ele a desligou. Virou e olhou o envelope diversas vezes. Não havia endereço de remetente nem selo. Abriu o envelope com todo o cuidado, como se estivesse com medo de estragar seu conteúdo. Dentro havia uma folha de papel de carta preenchido dos dois lados com caligrafia perfeita. Matheus a virou para olhar a assinatura. Era de Franklyn B. Nevin, seu professor de História de trinta anos atrás.

Suas mãos começaram a tremer. O professor Nevin lhe enviara uma carta. Mas por quê? Levantou-se e começou a andar pela sala enquanto lia.

"*Caro Matheus*

Como vai? O tempo voa quando se tem a minha idade. Não consigo me lembrar do que fiz ontem, mas me lembro nitidamente das aulas que lhe dei. Lembra-se do dia em que você se apaixonou por História? Foi como se uma luz se acendesse em sua mente. Um professor nunca se esquece desses momentos, pois são raros. Ocorrem no máximo cinco ou seis vezes em uma carreira de 40 anos. Lembro-me muito bem daquele dia como se fosse hoje. Posso até descrever o momento em que aconteceu, o tópico que estávamos discutindo, quem estava prestando atenção e quem não estava. Aposto que você também se lembra apesar de fazer tanto tempo. Sempre teve uma excelente memória.

Lembra-se de todos aqueles sonhos, de todas as coisas maravilhosas que planejava fazer? Espero que tenha feito. Muitas pessoas sonham, mas somente aquelas que colocam em prática seus sonhos são capazes de mudar o mundo. Você está mudando o mundo, Matheus?

Podemos modificar o mundo de muitas maneiras. Algumas pessoas inventam coisas que revolucionam nossa maneira de viver. Outras compõem músicas que mexem com nossas emoções. E outras ensinam e, de vez em quando, tem-se a oportunidade de ver uma luz se acender na mente de um aluno. Portanto, posso dizer que, ainda que de maneira simples, ajudei a modificar alguma coisa no mundo. Se é que vocês estão fazendo aquilo que deveriam. Caso você e os outros que consegui tocar estejam fazendo apenas uma fração do que me disseram que fariam, o mundo já está em boas mãos.

Matheus, lembra-se do dia em que perguntei a todos em sua sala o que planejavam fazer ao terminar os estudos? Você deve ter ficado imaginando por que eu quis saber. Precisava daquela informação para tornar minhas aulas relevantes para todos na sala. Você pode rir e se perguntar 'mas o que pode haver de relevante em História?'. Pode ter certeza de que estimulei algumas pessoas a seguir em direção a seus sonhos.

Alguns sonhavam alto, outros muito pouco.
Lembra-se de Johnny Barber, aquele que disse querer
ser presidente um dia? Poderia mesmo ter sido se
tivesse vivido para conseguir. Aquela turma era
muito boa. Seus colegas disseram que queriam ser
contadores, advogados, cientistas nucleares, médicos e
jornalistas. Um deles disse que queria ser empresário.
Hoje em dia, essa é uma palavra muito comum, mas
a primeira vez que a ouvi foi naquela aula. Howard
conseguiu fazer o que planejava. Você se lembra do
que queria fazer, Matheus? Está fazendo?

Não é tarde se você não começou ainda. Nunca é
tarde. Eu mesmo fiz meu pós-doutorado bem tarde,
aos setenta anos. Minha família me chamava de
louco, mas eu queria provar a mim mesmo que podia.
Aquilo se tornou uma paixão em minha vida.

Você certamente tem alguma paixão, Matheus. Diga,
qual é?

Mais uma coisa: seja mais carinhoso consigo mesmo.
Tendemos a ser mais duros conosco do que com as
pessoas. Relaxe e estimule sua autoestima. Algumas
pessoas se torturam durante anos por pequenas coisas
que fizeram ou que deixaram de fazer. Esqueça.
Perdoe a si mesmo e siga em frente.

Bem, isso é tudo o que tenho a dizer no momento.
Poderia perguntar se você se casou, mas imagino

que sim. *Espero que tenha filhos. Você daria um ótimo pai.*

Sei que estou muito velho, mas tive uma boa vida, Matheus. A carreira de professor não é exatamente dinâmica ou bem remunerada. Mas era (e ainda é) minha paixão. Adoro ver luzes se acendendo.

Cuide-se bem, Matheus.

Franklin B. Nevin"

Uma lágrima escorreu pelo rosto de Matheus enquanto lia a carta. Sentiu-se novamente na aula do professor Nevin, ouvindo suas explicações sobre a guerra civil. E ele tinha razão: uma luz se acendeu em sua mente naquele dia. Descobriu que adorava História. E tudo por causa do professor Nevin.

Ficou mesmo pensando por que ele tinha perguntado àqueles garotos de catorze anos o que queriam ser na vida. Mal podia imaginar que era para poder ensiná-los melhor.

Matheus ficou com vergonha de dizer em voz alta qual era o seu sonho. Enquanto o professor andava pela sala e seus colegas respondiam que queriam ser pilotos e médicos seu coração disparou. Teve de fazer um grande esforço para responder quando chegou sua vez.

"Quero ser um vendedor, e tão bom quanto meu pai."

O professor Nevin olhou direto em seus olhos com carinho e disse: "Você pode, Matheus. Se é o que realmente quer, pode se tornar um grande vendedor".

Como pôde se esquecer daquele sonho? Era tudo tão fácil aos catorze anos! Tinha se tornado um vendedor, é verdade, mas não tão grande quanto imaginava. Jamais chegou a ser como seu pai.

Uma hora mais tarde, depois de se virar na cama diversas vezes sem conseguir dormir, abriu os olhos no escuro e ficou pensando se não era tarde demais. Será que a paixão ainda existia? Será que tinha mesmo um sonho ou simplesmente se deixara levar pela vida?

Quando o sono finalmente veio, agradeceu em silêncio ao professor Nevin por lhe enviar a carta.

"Qual é a sua paixão?"

"Seja mais carinhoso consigo mesmo".

Capítulo 2

Os olhos de Matheus se abriram e ele acordou imediatamente. Olhou para o relógio na cabeceira. Seis da manhã, uma hora antes de seu horário habitual. Fechou os olhos e tentou voltar a dormir, mas os pensamentos não o deixavam em paz.

Leu e releu a carta do professor Nevin enquanto tomava o café da manhã. Lamentou o fato de ele não ter colocado o endereço para resposta. Queria poder responder e agradecer. Dobrou a carta e a guardou no bolso da camisa antes de sair para o trabalho.

Foi pensando enquanto dirigia e teve de concordar com o professor: já tivera uma paixão, porém há muito tempo. E o que tinha agora? Difícil dizer.

Chegou ao escritório às sete e meia e uma hora depois já verificara todas as suas mensagens e a correspondência sobre a mesa. Levantou-se e estava indo fazer café quando o telefone tocou. Era Bellowes, o presidente da Brazier Corporation.

– Cheguei logo depois de você. Gosto de vendedores assim, que começam cedo. Venha até aqui. Preciso lhe falar – disse ele, quase berrando ao telefone.

Matheus estava acostumado com o jeito grosseiro dele. Foi até sua sala, no fim do corredor, e bateu na porta. Como era de costume na empresa, não esperou resposta. Abriu e entrou.

Bellowes tinha quase setenta anos, mas ainda trabalhava sessenta horas por semana. Era baixinho, corpulento, grisalho, um pouco careca e tinha sempre uma expressão alegre no rosto. Seus olhos cintilaram ao ver Matheus.

– Venha cá, garoto. Sente-se.

No começo, ficava incomodado ao ser chamado de "garoto", mas agora, com mais de quarenta anos, aquilo lhe fazia bem. Já não se sentia jovem.

– Está com uma cara melhor hoje – disse Bellowes. – Ontem parecia estar sentindo o peso do mundo nas costas.

– Não foi um dia muito bom – admitiu Matheus. – Mas hoje vai ser bem melhor.

O presidente riu:

– Todos os dias, ao me levantar, digo a mim mesmo que o dia será muito bom. Costuma dar certo. É o controle da mente – mas o sorriso aos poucos se desfez. – Você já deve estar sabendo dos problemas com a conta da Lochiel.

Matheus confirmou.

— Wilbur e Duncan vão visitá-los hoje. Gostaria que você fosse junto — levantou a mão, pedindo que Matheus o esperasse terminar. — Escute. Wilbur é ótimo, mas tem um jeito muito suave de agir. Consegue quase sempre os resultados de que precisamos, mas de maneira muito sutil. Já Duncan é o oposto. É impulsivo e extrovertido. E está abalado com o que aconteceu. Preciso de alguém neutro, sem envolvimento emocional com a situação, para acompanhá-los. Alguém que esteja de cabeça fria.

Matheus deu um riso forçado: — Você já falou sobre isso com Wilbur?

— Na verdade, ele queria que eu fosse junto, mas acho melhor guardarmos essa possibilidade caso necessitemos dela no futuro. Posso falar com o presidente, se necessário, mas prefiro tomar esta atitude somente em último caso. Então, você vai?

— Sim, se é o que você quer. — Matheus fez uma pausa. — Mas por que eu?

— Você tem maturidade e experiência para cuidar disso. E Wilbur também achou que isso lhe faria bem.

ROGER STACPOLE era um homem alto e magro, de quase quarenta anos. Tinha cabelos loiros e recuados, o que acentuava seu rosto longo e fino. Chegaram ao restaurante um pouco antes do horário combinado, mas ele já chegara e os aguardava. Não se levantou e os cumprimentou de maneira fria.

Ficaram durante alguns minutos conversando sobre o mercado em geral e sobre como a Brazier vinha fornecendo produtos à Lochiel por mais de vinte anos. A garçonete chegou para pegar os pedidos e, quando ela saiu, Wilbur disse:

– Temos um histórico muito bom.

– Mas ultimamente andavam meio relaxados – retrucou Roger. – Acharam que não perceberíamos. Mas quando Duncan chegou uma hora e meia atrasado para uma reunião e nem se desculpou, achamos que era hora de procurar outra empresa.

Duncan ficou tenso. Ia dizer alguma coisa, mas Matheus colocou a mão em seu braço.

– Ele tentou avisar – disse Wilbur.

– Isso é o que ele diz – Roger deu de ombros.

– Liguei várias vezes – falou, com voz tensa. – Devia ter deixado um recado. Esse foi meu erro. Mas, como você não atendia, achei que estivesse ocupado e me concentrei em chegar o mais rápido possível.

Roger balançou a cabeça.

– Mas devia ter deixado. Era o mínimo que podia ter feito.

– Concordo – disse Wilbur. – Duncan sabe que errou. Mas o que podemos fazer para consertar o erro?

Ele balançou novamente a cabeça e contraiu os lábios.

– Agora é tarde. Ficamos esperando por ele durante uma hora e meia. Como não chegava, telefonei para outra empresa, aceitaram o pedido na hora. Olhou para Wilbur com um sorriso forçado. – Demos a eles um período de experiência de três meses.

– Mas depois de vinte anos de bons serviços vocês não poderiam dar um crédito a Duncan? Já fizemos tanto para servi-los bem... – Matheus argumentou.

– E foi exatamente isso que a outra empresa nos ofereceu. Tenho certeza de que os vendedores deles não vão me deixar esperando e que as entregas vão ocorrer no prazo esperado. Por que vocês não entram em contato comigo daqui a alguns meses e eu lhes digo como está o serviço deles?

Matheus e Wilbur tentaram de todas as maneiras, implorando e bajulando Roger, mas ele se mostrou irredutível. Era tarde demais. Já havia se comprometido com a outra empresa, fechado um contrato de três meses e não voltaria atrás.

– Se nossos serviços eram tão ruins a ponto de você procurar nosso concorrente, por que nunca nos falou que havia problemas? – perguntou Wilbur, ao final da reunião.

Roger sorriu.

– Seus serviços nunca foram ruins. Mas também não eram assim tão bons.

— Entregávamos no prazo?
— Sempre.
— Ficávamos cobrando pagamento?
— Não que eu saiba.
— Duncan o mantinha informado sobre tudo?
— Ele encolheu os ombros.
— Sim. Sempre fez seu trabalho.
— Bem, o que fizemos de errado então?

Roger levantou o braço e sorriu para chamar a garçonete. Esperou Wilbur pagar a conta e então respondeu:

— Nada de errado. Só achei que era hora de mudar.

MATHEUS FICOU pensando na reunião enquanto ia atender o próximo cliente. Apesar de Roger ter dito que eles não tinham feito nenhuma coisa de errado, não era bem assim. Foram descuidados com a Lochiel. Em vez de tratá-los como um cliente especial, seu atendimento deixou muito a desejar. Quando se tem um cliente que faz um pedido de dez mil dólares, o certo é chegar uma hora antes para encontrá-lo, não depois.

Enquanto esperava o cliente na recepção, releu a carta do professor Nevin. Já a conhecia de cor.

Porém dessa vez sentiu uma luz se acender em sua mente. Uma onda de energia invadiu seu corpo. "Isso significa que ainda tenho uma paixão?", questionou-se.

Não esperava receber outra carta, mas ficou ansioso para ver sua caixa de correspondência enquanto voltava para casa. Para sua surpresa e alegria outro envelope branco aguardava por ele, com a mesma caligrafia impecável. Levou-a para dentro com todo o cuidado, como se carregasse o Santo Graal. Abriu o envelope e tirou a folha de papel. Seu coração disparou enquanto se sentava na poltrona confortável para ler.

"*Caro Matheus*

Jamais enviei duas cartas em menos de dois dias à mesma pessoa, nem quando estava apaixonado. Mas algo me diz que você precisava falar comigo.

Deixe-me contar uma coisa a meu respeito: sou um homem muito rico. Não em termos monetários, é claro, embora tenha minhas economias. Sou rico porque, durante a maior parte da vida, fiz aquilo que mais queria.

Decidi que seria professor aos dez anos de idade. Minha professora, chamada Frances, foi quem me inspirou e quem fez com que a lâmpada se acendesse em minha mente. Meus pais queriam que eu me tornasse comerciante e tinham a melhor das intenções para comigo. Não me importo de dizer que houve momentos difíceis. Foi difícil criar quatro filhos com um salário de professor. Mas era o que eu tinha a fazer.

Você entende, Matheus? Isso é importante. Todos temos algo a fazer nesta vida. É nossa missão, o motivo pelo qual fomos colocados neste mundo. Muitas pessoas jamais descobrem sua paixão ou seu propósito de vida. Sei que é triste, mas não precisa ser o seu caso. Reveja sua vida, Matheus, e pense em todas as coisas em que você era bom, em tudo o que mais amava. Está fazendo essas coisas hoje? E se não está, por quê? Aquilo que você mais gostava de fazer normalmente revela sua paixão.

Tive um amigo, anos atrás, que adorava esportes, todo tipo de esportes. Infelizmente, não tinha boa visão nem coordenação. Era sempre o último a ser escolhido para os jogos na escola. Para mim, isso teria sido o fim, mas não para ele. Meu amigo adorava praticar esporte. Falava o tempo todo sobre o assunto e até escrevia. Bem, quando terminou a faculdade conseguiu um emprego em uma estação de rádio. Num piscar de olhos se tornou um comentarista famoso. Como os esportes eram sua paixão, vieram a ser o foco de sua carreira. Não como jogador, pois não tinha habilidade para isso, mas seu entusiasmo e paixão eram tão grandes que ele se tornou um excelente repórter. Será que ele teria se destacado tanto se considerasse o emprego na rádio apenas um trabalho comum?

Agora vamos falar de você. Quando tinha catorze ou quinze anos você me falou de sua paixão:

vendas. Lembro-me como se fosse hoje. Ficou com vergonha de dizer na frente dos colegas, mas acabou confessando. E vi em seus olhos muito orgulho e convicção. A maioria daqueles garotos que disse querer ser advogado ou médico não expressou realmente o que estava em seu coração. Mas você foi autêntico. Se eles terminaram a faculdade e se tornaram aquilo que disseram, será que hoje amam seu trabalho? Sentem paixão por aquilo que fazem? Ou será só uma forma de ganhar dinheiro?

Percebi que estava sendo sincero quando falou de sua paixão. Acreditei em você e em mais dois ou três naquela sala. Por quê? Porque seus olhos mostravam a verdade.

Claro, ter uma paixão na vida não basta. É preciso ter determinação; persistência, e também um objetivo. É por isso que precisamos de sonhos, Matheus. Você sonhava ser um grande vendedor. Já se via fazendo isso. Tinha a sensação e o prazer de vender. Entendo muito bem isso. É o que eu sentia quando pensava em lecionar.

Você se lembra do Sr. Stokes, o zelador da escola? Provavelmente, não. Era a pessoa invisível que mantinha tudo limpo e apresentável. A maioria das pessoas poderia considerá-lo um fracassado. Mas não eu. Acabamos nos tornando bons amigos. Eu via a atenção e o cuidado que ele tinha com seu trabalho. Era mais esforçado do que qualquer outro *funcionário. Aquele homem adorava o que fazia, Matheus. Chorou no dia em que foi forçado a se aposentar. E você? Ama o que faz?*

Claro, há sempre os dias difíceis. Eu mesmo tive muitos. Tentar ensinar pessoas que não queriam aprender, jovens agressivos e mal-educados, um deles chegou a levar uma arma para a sala de aula, são coisas que não se esquecem. Mas não é nisso que penso ao analisar minha carreira, e sim em todos aqueles que pude influenciar de maneira positiva. É por isso que estou escrevendo para você.

Sabe, na maior parte do tempo consigo escolher aquilo em que quero pensar. Tenho bons e maus pensamentos e sentimentos positivos e negativos, todos temos. Tento me concentrar nos positivos. Nem sempre é fácil.

Houve momentos em que pensei em desistir e deixar tudo para trás. Tenho certeza de que você já se sentiu assim. Acontece com todas as pessoas. Mas você é forte, tem caráter. Não desistiu. Seguiu em frente. Isso se chama persistência.

Agora vou chegar ao ponto principal desta carta. Sempre divaguei um pouco em minhas aulas, não? Acho que é uma das características de um bom profissional em minha área. Um professor que fala sobre diversos assuntos ensina muito mais até mesmo sobre a vida.

E eis o ponto principal: você está seguindo seus sonhos, Matheus? Há alguma coisa que tenha vontade de fazer mas ainda não teve coragem? Que lhe dá medo só de pensar? Espero que sim, Matheus. Você precisa de algo difícil e que valha a pena, algo que exija toda a sua força e capacidade. Não importa se jamais conseguir chegar aonde imaginou. O importante é ter um objetivo, uma ambição e lutar para alcançar aquilo que você mais quer. E a melhor parte é justamente a jornada. Aproveite o caminho. Se tiver um sonho e lutar por ele não terá do que se arrepender em seu leito de morte. Terá feito da sua vida o melhor que pôde.

Espero que não ache estas cartas estranhas, Matheus. Sinto que você precisa de encorajamento neste momento. Gostaria que essas reflexões o ajudassem a deixar as coisas mais claras em sua mente, e não estou sendo tão altruísta. Colocar no papel meus pensamentos me ajuda também.

Volto a escrever em breve.

Franklin B. Nevin"

A fome trouxe Matheus de volta à realidade. Olhou para o relógio. Nove e meia. Tinha passado três horas sentado, lendo a carta e pensando. Era engraçado, mas podia jurar que o professor Nevin tinha estado ali com ele o tempo todo.

"Ame o que faz."

"Siga seus sonhos."

"Aproveite a viagem."

Capítulo 3

Mais uma vez, Matheus acordou às seis horas da manhã e chegou ao escritório às sete e meia da manhã. Ouviu quando Bellowes chegou, por volta das oito horas, e foi até sua sala.

– Precisamos dar um jeito de sua esposa viajar com mais frequência – disse Bellowes, rindo. – Já é a segunda vez que você chega antes de mim!

Matheus riu também. Sentiu vontade de contar a ele sobre as cartas, mas decidiu não comentar, pelo menos não naquele momento.

– Com Jennie viajando tenho mais tempo para me organizar.

– Você é um homem de sorte por ter uma esposa e dois filhos tão bons – disse Bellowes com o dedo indicador levantado. – Cuide muito bem deles.

O presidente era viúvo fazia muitos anos. E nunca comentara com Matheus se tinha filhos ou não. Ele inclinou-se na cadeira e disse:

– Wilbur me contou sobre a reunião. Parece que perdemos mesmo a Lochiel, pelo menos durante os próximos meses.

– Duncan vai estar atento.

Bellowes levantou uma das sobrancelhas e seu sorriso se desfez.

– Se perdemos um cliente precisamos nos recuperar do prejuízo. Todos terão de aumentar suas vendas. Ou melhor, conseguir outro cliente do mesmo porte – suspirou. – Já passamos por dificuldades assim antes, é claro, e todas as vezes conseguimos superá-las. Só depende de vocês conseguirem manter o número de pedidos. Até agora, seu trabalho aqui tem sido tranquilo, Matheus. Mas é hora de mostrar todo o seu talento.

Wilbur convocou uma reunião em sua sala às nove horas. A equipe agora estava desanimada e ninguém fez as brincadeiras de sempre antes das reuniões.

– As vendas ficarão muito baixas nos próximos meses a menos que compensemos as perdas, e rápido – disse Wilbur, limpando a garganta e com as mãos entrelaçadas. Demonstrava nervosismo. – Precisamos de todos os pedidos que pudermos conseguir, mas, principalmente, de outro cliente grande. Alguém tem sugestões para ajudar?

Matheus começou a dar sugestões e até se surpreendeu com as próprias ideias.

— Se vocês quiserem, posso cobrir a área nordeste até que alguém seja contratado para substituir Sam.

Wilbur riu.

— Obrigado, Matheus, mas não acho que seja uma boa ideia. Jennie vai reclamar! Concentre-se em seu território e consiga outro cliente grande para nós.

Matheus ficou um tanto desapontado por Wilbur não querer que ele viajasse, mas ficou contente ao ver aceitas as outras ideias que sugerira. Mais tarde, enquanto visitava os clientes, percebeu que se oferecera para cobrir a área nordeste mais para sair da cidade e fugir dos problemas do que pela vontade de ajudar. E que Wilbur era mais esperto do que ele imaginava.

O dia fora cansativo e chegou a casa exausto. Foi verificar a caixa de correio, mas não havia carta do professor Nevin.

Na manhã seguinte, Wilbur entrevistou dois candidatos à vaga de Sam e mostrou a eles o departamento de vendas. O primeiro era um homem de trinta e cinco anos, que parecia ter bastante experiência, porém trabalhara em mais de vinte empresas nos últimos cinco anos.

O segundo não tinha um currículo muito consistente, mas seu nome chamou a atenção: Bernie Nevin.

Era alto, transmitia segurança ao falar e olhou direto nos olhos de Matheus ao apertar sua mão. Tinha linhas de expressão no rosto e um sorriso agradável. Declarou, em sua ficha de candidato, ter vinte e sete anos, mas parecia ter bem mais.

– Conheci um homem de sobrenome Nevin – disse Matheus. – Era meu professor na escola. Chamava-se Franklin B. Nevin. Ele é seu parente?

– É, sim. Ele é irmão de meu avô – disse, com olhar distante. – Não somos exatamente uma família que se reúne sempre. Não o vejo há pelo menos quinze anos. Ainda está vivo?

– Sim. Recebi cartas dele recentemente. Parece que ainda é muito ativo.

Bernie suspirou.

– Fico contente em saber. Quase não tenho contato com os parentes mais distantes.

– Acho que ninguém mais tem hoje em dia.

Matheus foi tomar um drinque com um cliente, depois do trabalho, e os dois acabaram jantando. Chegou a casa às dez e meia da noite. Estava quase dormindo quando se lembrou de que não verificara a caixa de correio. Foi até lá e encontrou uma carta do professor Nevin, com a letra bonita de sempre. Voltou abrindo cuidadosamente o envelope.

"*Caro Matheus*

Os tempos estão difíceis. Se pensarmos bem, os tempos estão sempre difíceis. Mas há oportunidades

também, independentemente das dificuldades.
E é nos momentos mais difíceis que temos a chance
de mostrar toda a nossa capacidade. Sei que você
tem um bom faro, Matheus. Consegue identificar as
oportunidades e fazer as coisas acontecerem. Porém,
lembre-se de que as dificuldades passam; as pessoas
de fibra permanecem.

Na minha época, quando as coisas ficavam difíceis,
eu costumava pegar um papel e fazer três listas.
Uma de tudo o que eu queria e outra de tudo o
que poderia acontecer de pior diante da situação
que estava vivendo. Por exemplo: poderia querer
que todos os alunos de uma turma passassem na
prova. Tarefa nada fácil, mas não impossível.
O que aconteceria se nem todos passassem?
Bem, não seria o fim do mundo, mas eu ficaria
desapontado, sentindo que falhara. Então, na
primeira lista, eu especificaria meus objetivos para
com a turma. Na segunda, os resultados, caso
nada desse certo, e como me sentiria então. Já, na
terceira, escreveria tudo o que aconteceria caso todos
passassem e como eu ficaria orgulhoso e feliz. Mas
sei que no mundo das vendas é um pouco diferente.
Sucesso é sinônimo de aumento de salário e de uma
boa comissão. E um erro pode custar o emprego.

Mas por que estou falando das listas e de uma delas
conter todas as piores possibilidades, apesar de já

lhe ter dito para nunca se apegar ao lado negativo das coisas? Deixe-me explicar: acredito que todos nós temos a tendência de exagerar a dimensão dos problemas. Algo que dá errado, no trabalho, pode parecer o fim do mundo, mas, quando se coloca tudo no papel, percebe-se que não é tão grave assim, muito pelo contrário. É algo que se pode facilmente superar. A lista de itens positivos funciona como motivação. Todos querem se sentir bem e reconhecidos. Por isso as listas funcionam bem. Por meio delas conseguimos ver os prós e os contras da situação e avaliar qual a melhor solução. Ajudam a colocar os fatos em perspectiva. E, Matheus, sinto que você não está conseguindo fazer isso neste momento.

Sempre que tiver problemas no trabalho, faça três listas: uma de seus objetivos, outra de tudo de pior que pode acontecer e outra de tudo o que pode acontecer de melhor. É como estabelecer um plano de metas só que com a vantagem de já visualizar todos os prejuízos e recompensas envolvidos.

Mas as listas não servem apenas para os problemas de trabalho, Matheus. São muito úteis em outras áreas da vida também. Você se surpreenderá com o nível de clareza que elas proporcionam.

Vou lhe escrever outra carta amanhã. Mas é importante que faça esse exercício antes de lê-la.

Abraços,

Franklin B. Nevin"

Matheus leu a carta diversas vezes. Colocou o roupão, pegou caneta e papel e sentou-se à mesa de jantar. Escreveu "meus objetivos" na primeira folha. Ficou olhando para a frase durante uns cinco minutos e depois escreveu "recuperar o número de vendas que tinha antes". Mas ainda não era bem isso. Riscou a frase e escreveu "aumentar 10% de minhas vendas". Mais uns dez minutos se passaram até outra frase surgir. Depois de meia hora Matheus conseguiu fazer uma pequena lista:

→ aumentar 10% de minhas vendas;
→ conseguir um cliente maior que a Lochiel;
→ tornar-me o melhor vendedor da empresa;
→ motivar e inspirar a mim e aos outros;
→ passar mais tempo com minha família;
→ dizer a Jennie o quanto eu a amo;

Leu a lista em voz alta e adicionou mais uma frase:

→ ser um grande vendedor.

Sorriu e foi para a cozinha fazer café. Voltou e sentou-se para fazer a lista das piores possibilidades.

Em tese, perderia o emprego se não conseguisse aumentar suas vendas. Pensou no assunto por um instante. Não havia muita chance de isso acontecer, mas, ainda que acontecesse, não seria o fim do mundo. Acharia logo outro emprego.

E, caso não conseguisse um cliente melhor que a Lochiel, não seria punido. Apenas seu orgulho seria ferido. E o mesmo aconteceria caso não se tornasse o melhor vendedor da empresa.

Motivar e inspirar a si mesmo e aos outros era extremamente importante e algo que ele sabia fazer muito bem. Suas vendas só estavam caindo porque ele não estava conseguindo manter-se motivado. A menos que mudasse essa atitude, podia mesmo acabar perdendo o emprego.

Se não arranjasse mais tempo para a família e continuasse sem demonstrar seu afeto perderia aqueles a quem tanto amava.

Caso não viesse a ser o melhor vendedor da empresa ninguém ficaria sabendo que este era seu desejo. Mas como se sentiria vinte anos depois, sabendo que deixou de conquistar seu maior sonho?

Entendia agora por que o professor Nevin havia lhe pedido para fazer as listas.

A dos resultados positivos era a mais fácil. As ideias que surgiam pareciam boas demais para ser verdade. O trabalho se tornaria um prazer se suas vendas aumentassem 10%. Uma empresa maior que a Lochiel também lhe daria um bom bônus de Natal, além de outros benefícios. Tornar-se o melhor vendedor da empresa lhe renderia uma remuneração maior, oportunidades de promoção e até ofertas de trabalho dos concorrentes. Motivar e inspirar os outros e a si mesmo também fariam aumentar as vendas. Isso tudo, aliado ao fato da possibilidade de vir a ter novamente a Lochiel como cliente, faria da Brazier Corporation a maior empresa em sua área.

As consequências, na família e na empresa, eram fáceis de imaginar, e Matheus se deliciou listando tudo de bom que aconteceria, caso atingisse suas metas.

Fez uma pausa ao escrever a última frase. "Ser um grande vendedor".

– Como meu pai – disse em voz alta.

Como seria sua vida se atingisse essa meta? Seria a realização de um grande sonho, mas era realmente possível? Conseguiria chegar tão longe?

Fez uma longa pausa e escreveu uma única palavra: "felicidade".

"*Mantenha o foco.*"

"*Concentre-se nos aspectos positivos.*"

Capítulo 4

Os dias seguintes foram difíceis. A reunião semanal na sexta-feira foi tumultuada. Sam Mulligan não compareceu, obviamente, por estar deixando a empresa. Wilbur ficou visivelmente irritado, embora tentasse não deixar transparecer. Queria fazer a Sam algumas perguntas sobre sua área e seus principais clientes. Duncan não parecia querer cooperar. Estava constrangido e se sentindo humilhado por perder a Lochiel. Bellowes ficou pouco tempo na reunião. Falou a todos, dizendo ter certeza de que a situação se reverteria, o número de vendas aumentaria, e depois se retirou.

Foi difícil manter a equipe motivada. Wilbur conduziu tudo rapidamente e pediu para falar em particular com cada vendedor. Eles pareceram gostar da atenção individual e ele garantiu que esse procedimento seria adotado dali por diante.

Entrevistou mais quatro candidatos à vaga de Sam, mas nenhum se encaixava no perfil necessário. Avril telefonou para Bernie Nevin e pediu a ele que viesse para uma segunda entrevista. Também entrou em contato com a última empresa para a qual ele trabalhara e obteve excelentes referências. Bernie fora um ótimo funcionário e só deixou a empresa porque desejava mudar de área. Sentiam sua falta.

Ele foi para a entrevista, desta vez vestido de maneira mais informal. Não parecia ansioso para conseguir a vaga.

– Gostava da empresa em que trabalhava, mas não havia muita perspectiva de crescimento. Fazia vendas por telefone, mas o que eu queria mesmo era fazer visitas – disse a Wilbur. – Decidi procurar outra empresa porque não havia vaga para a função de representante.

– Mas as pessoas só costumam deixar um emprego quando têm outro em vista.

Bernie riu.

– É verdade, mas não quis esperar. Como estava com as férias vencidas, resolvi tentar. Assim tenho mais tempo livre para as entrevistas e para escolher a melhor empresa.

– E a nossa lhe parece a melhor?

– Vocês têm exatamente o perfil que eu procuro. Posso fazer um bom trabalho aqui.

Wilbur ainda tinha dúvidas, mas decidiu dar a ele uma chance e lhe ofereceu um período de experiência de três meses. Começaria na segunda-feira.

Matheus lia várias vezes por dia as cartas do professor Nevin. Passava horas revendo as listas que fizera. Na sexta-feira, pela manhã, resolveu fazer uma surpresa à família e visitá-los na casa dos sogros. Depois do trabalho, foi para casa, colocou algumas roupas na mala e encontrou outra carta do professor Nevin na caixa de correio.

"*Caro Matheus*

Espero que você esteja pensando bastante sobre sua vida e sobre o rumo que ela está tomando. Hoje vamos falar do que se passa em seu interior, do qual sua vida é um reflexo. Talvez já tenha ouvido o ditado 'somos aquilo que pensamos'. Queria falar um pouco de seu coração e de sua alma. De onde você acha, Matheus, que vem o entusiasmo pela vida? Isso pode parecer um discurso antigo ou piegas, mas é muito importante compreender de onde vêm nossos desejos se quisermos que eles se realizem.

Já fez as três listas? Tenho mais um exercício para você. Pegue a lista de objetivos e leia o primeiro item em voz alta. Espere alguns instantes e observe se ocorre alguma reação em seu corpo. Pode ser na região do coração, na parte de baixo das costas, entre os ombros, na área do estômago ou em qualquer outra parte. Observe quais sentimentos acompanham essa sensação e o que eles lhe dizem. Deixe-os de lado, então, e passe para o próximo item. Prossiga assim até o fim da lista.

Quais itens lhe trouxeram mais sensação de bem-estar? Pode ter sido uma alegria no coração ou uma força interior capaz de superar qualquer obstáculo.

E quais o deixaram tenso, nervoso ou com medo? Esses são os que lhe causam estresse. Repense cada um deles e veja se são realmente objetivos que você quer atingir. Claro, em alguns casos, é só uma questão de determinação, mas será preciso mudar sua atitude diante dos desafios; caso contrário, eles podem drenar seu entusiasmo e sua motivação.

Todos nós fazemos aquilo que realmente queremos. Quando a força de vontade é maior, tudo se torna mais fácil e divertido. Temos toda a motivação, a energia e o entusiasmo de que precisamos. Mas há sempre outras tarefas a cumprir. Matheus, será que você é como eu? Costuma deixar as coisas para o último momento? Sim, fazemos isso com tudo o que é difícil ou dá muito trabalho.

Tenho certeza de que há itens assim em sua lista. Escolha um deles e saia, dê uma volta e pense nele enquanto caminha. Por que deseja que se realize? Pense nas recompensas que estão na outra lista. E no que pode acontecer se não atingir esse objetivo. Veja se pode mudar sua atitude em relação a ele.

Ao voltar para casa, sente-se e veja como seu corpo reage quando você pensa no assunto. Se a reação for positiva, siga em frente. Caso contrário, dê a si mesmo mais algum tempo. Pense enquanto estiver dirigindo ou esperando um cliente. Medite sobre a questão. E lembre-se: esteja preparado para ter problemas, caso deseje seguir em frente, mesmo que seu corpo lhe dê sinais negativos a respeito.

Com certeza você já ouviu falar da conexão mente-corpo. A ligação é mais forte do que se imagina. Anos atrás fui chamado ao banco para falar com o gerente sobre minha conta, que estava com saldo negativo. Negociamos e chegamos a um acordo sobre como resolver o problema. Ele pareceu satisfeito. No entanto, algumas horas depois comecei a sentir dores na parte inferior das costas. Isso normalmente está relacionado a dinheiro, Matheus. Embora eu estivesse ciente de que conseguiria cumprir o que estabeleci com o gerente, meu corpo reagiu. Ouvir o próprio corpo, antes de agir, ajuda muito.

Mas, além de ouvir nosso corpo, precisamos ouvir nossa alma. Ouvir nossa intuição. Ela nos coloca em contato com nosso poder interior e nos faz perceber que nosso potencial é literalmente ilimitado.

Outra coisa importante: o amor. Sei que você ama as pessoas. Mas você ama também seu trabalho?

Ama mesmo aquilo que faz? Caso ganhasse muito dinheiro hoje e ficasse rico, continuaria fazendo o mesmo trabalho? Se morresse amanhã, se orgulharia do que fez de sua vida?

Isso pode parecer até o discurso mórbido de um velho, mas não é. Certa ocasião, fiz uma enquete entre os professores da escola – não me lembro se você ainda era aluno naquela época –, mas descobri que a maioria deles já perdera o interesse em lecionar. O entusiasmo e a alegria de estar em sala de aula haviam desaparecido. Obviamente, era hora de seguir em frente e assumir cargos que lhes trouxessem mais satisfação, mas nenhum deles fez isso. O medo os impedia. Viviam sem motivação, sofrendo e fazendo seus alunos sofrer.

Não viva pela metade, Matheus. Meu objetivo, ao lhe escrever estas cartas, é fazê-lo encontrar sua verdadeira paixão. Aí, então, você nunca mais vai trabalhar. Quero dizer, vai trabalhar muito, mas nem vai sentir. E, mesmo que venha a se tornar milionário, jamais desistirá de sua profissão porque ela será sempre sua grande paixão, seu propósito e seu motivo para viver.

Vamos lá, Matheus. Continue a fazer sua lição de casa.

Abraços,

Franklin B"

*

OS PAIS DE JENNIE moravam em uma chácara perto de uma estrada empoeirada em um grande vale. Matheus chegou por volta das dez e meia da noite. Estacionou, respirou fundo e mexeu os ombros e o pescoço para relaxar a tensão depois da viagem de quatro horas.

Seu coração disparou quando abriu a porta do carro e ouviu os gritinhos de alegria dos filhos brincando dentro da casa. Ficou contente por ainda estarem acordados. Shep, o *collie*, começou a latir e a luz de fora se acendeu.

– É o papai! – gritou Jason.

Antes mesmo de conseguir tirar a mala do carro, foi envolvido pelo abraço apertado de Jason e Eric, felizes ao vê-lo e fazendo muitas perguntas. Jennie correu para fora e se juntou ao abraço.

– Que surpresa boa! – exclamou ela, no momento em que entravam. – Telefonei para você há mais de uma hora, mas a secretária eletrônica atendeu. Achei que tivesse ido jantar com seus colegas.

Matheus olhou em volta antes de responder.

– Prefiro mil vezes estar aqui. Mil vezes.

Os pais de Jennie se juntaram a eles, e Ellen fez questão de preparar um lanche. Ao se sentar à grande mesa de madeira com os filhos e vê-los devorar as broinhas que a avó preparara, Matheus sentiu a alegria lhe invadir o peito, como havia muito não acontecia. Abraçou Jennie e sorriu.

– Como é bom estar aqui no campo e com as pessoas a quem amo. É difícil acreditar que há algumas horas eu estava na cidade.

– Pode dormir até mais tarde amanhã. Depois vai me ajudar com a cerca. Vai lhe fazer bem respirar um pouco de ar puro.

Naquele curto espaço de tempo, Matheus teve a impressão de que já estava em férias fazia dias. Quando finalmente foram dormir, na grande cama de madeira, ele abraçou e beijou Jennie carinhosamente.

– Quero lhe dizer uma coisa – disse, aspirando o ar fresco do campo.

– O que é? – perguntou ela.

– Quero que você saiba o quanto eu amo você e os meninos. São tudo para mim. Não consigo viver sem vocês.

Jennie se afastou um pouco de Matheus e fixou bem seus olhos nos dele.

– Por que está dizendo isso? E por que agora?

– Bem, é que senti muito a falta de vocês esta semana. Ficar sozinho me fez pensar. Aquela casa não é um lar sem vocês. Mal posso esperar até que voltem – disse ele, acariciando o rosto dela.

– Então acho que devíamos viajar com mais frequência – continuou ela, envolvendo seu pescoço com os braços, abraçando-o. – Eu também o amo, você sabe disso.

– Mas você veio para cá para ter um tempo e para pensar sobre nossa vida e nossa relação...

– Sim, porque você tem estado muito diferente, Matheus. Muito estranho e distante. O ambiente em casa está tenso. Até as crianças perceberam. Precisávamos desses dias para relaxar. Mas vai ser bom voltar para casa na semana que vem – beijou-o no nariz. – E foi muito bom você ter vindo.

Quando Matheus acordou no dia seguinte, a casa estava em silêncio. Ele olhou para o relógio: nove horas e cinquenta minutos. Havia muito tempo não dormia tanto.

Tomou um banho, vestiu-se e desceu. O café da manhã estava pronto sobre a mesa. E também um bilhete de Jennie explicando que eles tinham ido a uma loja ali perto.

Quando chegaram, ele estava lavando a louça. Os meninos entraram correndo com uma bola que Jennie comprara para eles.

– Venha, pai – disse Jason. – Vamos jogar no quintal.

Matheus riu e foi com eles jogar futebol. Quando Ellen os chamou para almoçar, ele olhou para o relógio e não acreditou que o tempo passara tão rápido.

– Podemos jogar mais depois do almoço? – perguntou Eric.

Matheus colocou a mão em sua cabeça e respondeu:
– Claro que sim.

Jack entrou e, de brincadeira, deu uma bronca em Matheus por não ter se levantado mais cedo para ajudá-lo. Depois do almoço, ficou observando os três jogarem bola e os convidou para nadar no rio.

Ao se deitar, Matheus comentou com Jennie:
– Meu corpo está tentando me dizer alguma coisa – ela sorriu, estranhando a frase, e continuou: – Meus ombros estavam tensos e doloridos, mas passou. Ainda me sinto exausto, porém muito melhor.
– Devíamos vir para cá mais vezes.
– Devíamos mesmo – Matheus concordou. – Aqui conseguimos conversar. Joguei bola com os meninos. Foi um dia maravilhoso.
Jennie se acomodou nos braços dele.
– E ainda não acabou.

"Ouça seu corpo."

"Seu potencial é ilimitado."

Capítulo 5

Matheus chegou a casa pouco depois das dez horas da noite do domingo. Estava cansado, mas ainda assim decidiu fazer o exercício que o professor Nevin sugerira e sentir a reação que cada uma de suas metas provocava em seu corpo.

Começou lendo todas as cartas novamente e percebeu uma sensação estranha. Era como se o professor estivesse com ele ali, na sala. Mas riu depois de alguns instantes, concluindo que era invenção de sua mente. Leu, então, a primeira meta em voz alta.

– Aumentar 10% de minhas vendas.

Esperou para ver a reação. Durante alguns instantes, nada aconteceu. Mas, aos poucos, começou a sentir uma tensão nos ombros. Girou-os para relaxar e passou para a segunda meta.

– Conseguir um cliente maior que a Lochiel.

Fez uma pausa. Não houve reação propriamente dita, apenas uma sensação de prazer e paz. Fez, então, uma pergunta por impulso:

– Bernie Nevin era mesmo um bom vendedor? Sentiu imediatamente uma tensão nos ombros. Como nunca observara essas reações?

– Tornar-me o melhor vendedor da empresa.

Sentiu um aperto no estômago.

– Será que consigo? – o nervosismo no estômago começou a se transformar em alegria.

– Posso mesmo me tornar o melhor vendedor da empresa? – a alegria se transformou em adrenalina.

– Motivar e inspirar a mim mesmo e aos outros – não houve resposta.

– Motivar e inspirar a mim mesmo e aos outros – repetiu. Por alguns instantes, não houve resposta. Mas, de repente, um forte fluxo de adrenalina percorreu seu corpo, provocando uma agradável sensação. Matheus riu.

– Passar mais tempo com minha família.

Não estava preparado para a resposta que seu corpo lhe deu. Foi uma sensação de calor muito grande em seu coração. Seu peito parecia que ia explodir.

– Dizer a Jennie o quanto a amo – já fizera isso.

Continuou a sentir o calor no peito, porém agora com um aperto na garganta. Mas a sensação logo passou. Sentiu apenas um calor na nuca, que foi se espalhando pelo corpo.

– Obrigado, professor Nevin – disse em voz alta. – O senhor me ajudou mais do que imagina.

ENTROU CANTAROLANDO no escritório na manhã seguinte. Avril olhou para ele curiosa, mas não fez comentários.

Bernie Nevin chegou alguns minutos depois e parecia muito tranquilo.

– Bom dia – disse alegremente. – Por onde começo?

Wilbur pediu a Avril que mostrasse o prédio e o apresentasse a todos. Depois, retornaram à sala dos vendedores e encontraram Sam Mulligan.

Sam abriu os arquivos no sistema e explicou a Bernie sobre as necessidades de cada cliente. Wilbur também estava na sala e fez alguns comentários adicionais. Bernie fez anotações e perguntas. Do outro lado da sala, trabalhando em sua mesa, Matheus ouvia a conversa e ficou satisfeito ao ver que a maior parte das perguntas envolvia a conquista de novos clientes e o aumento de vendas.

– Precisamos de um cliente para substituir a Lochiel – disse Wilbur, quando Sam terminou. – Temos uma boa carta de clientes, mas nenhum deles tem potencial para nos dar uma margem de lucro tão grande. Há mais algum em sua área que possamos contatar?

– Sim – foi a resposta de Sam. – Veja minha lista de clientes. E tenho outra, de mais alguns em potencial –

abriu outro arquivo e acrescentou: – estas são empresas com as quais tentei fazer negócio, mas ainda não consegui. Nesta coluna está o número de vezes que entrei em contato com cada uma.

Havia vinte e dois nomes. Bernie pediu uma cópia impressa das duas listas.

Uma nova mesa foi colocada na sala para seu uso. Ele se sentou e passou uma hora analisando o material. Pediu a Avril os arquivos dos outros clientes da região e fez mais algumas listas. Depois do almoço, pediu para acessar a internet.

– Deve haver mais clientes em potencial. Vou tentar identificar quais são e contatar todos a partir de amanhã – ele declarou.

Wilbur ficou contente com a iniciativa, mas pediu que ele ficasse mais uma semana no escritório para conhecer melhor os produtos da empresa, com o que Bernie concordou.

– Levarei o material para casa e vou estudá-lo com atenção. Mas vocês precisam de um cliente grande agora. Quero começar assim que possível.

Matheus ficou imaginando quanto tempo aquele entusiasmo duraria.

Wilbur parecia animado com relação a Bernie. Pediu a Matheus que o ajudasse.

– Por favor, ajude-o pelo menos nos primeiros dias, até porque sua família ainda está viajando – disse o chefe.

– Está certo – respondeu. – Bernie, amanhã faremos algumas ligações. Vou lhe passar todos os dados sobre nossos produtos – olhou para o relógio. – Ainda dá tempo de marcarmos algumas visitas.

"Caro Matheus

Estou contente ao ver que está seguindo meus conselhos. Espero que estejam ajudando. Você sabe que as atitudes fazem toda a diferença. Sem elas estamos condenados ao fracasso. Com atitudes positivas, um objetivo coerente e muita persistência não há limite para onde podemos chegar. E, agindo assim, você será um bom exemplo para seus filhos. Ouça sua intuição e jamais irá se enganar. Aquela voz dentro de você sabe tudo e lhe dirá o que fazer. É verdade, Matheus. Sua alma sabe tudo. Deixe que ela o conduza. Muitas pessoas permitem que seu ego controle seus atos. Tenho certeza de que você conhece pessoas assim.

São pessoas que têm baixa autoestima. Podem parecer poderosas e importantes, mas são insignificantes por dentro. Precisam da aprovação dos outros para não sucumbir.

Qual é sua fonte de poder pessoal, Matheus? Dinheiro? Poder? Bens materiais? Todos nós temos um ego e as necessidades dele podem nos fazer perder o foco. *Esqueça seu ego, Matheus, e olhe para seu interior. Sua alma sabe tudo. Se fizer dela sua fonte de poder pessoal, talvez em um mês consiga aquilo que muitos levam a vida inteira para alcançar.*

Faça seu trabalho porque você gosta de fazê-lo, Matheus, e não por causa do dinheiro ou da visibilidade que ele pode lhe dar. Lembre-se do que eu disse: encontre sua paixão na vida e você nunca mais precisará trabalhar.

Vamos falar um pouco de sua mente, Matheus. Você tem uma mente brilhante, eu me lembro bem. Mas onde está sua mente, Matheus? Está em sua cabeça? Em seu cérebro? Em seu dedão do pé? Claro, não há resposta para isso, ninguém sabe realmente onde sua mente está. Talvez nem esteja em seu corpo. E isto é sua mente, exclusivamente, ou ela faz parte de algo maior, uma consciência universal, talvez? E sua mente poderia ser, talvez, sua alma?

Sua alma é imortal. Já existia antes de você nascer e continuará a existir bem depois de seu corpo morrer. Qual é a sensação de ser imortal, Matheus?

Temos lições para aprender aqui. Lições importantes. E acredite: se não aprendermos nesta vida, teremos de voltar seguidamente até aprendermos.

O que você precisa aprender? Todo tipo de coisa. Mas encontrar sua verdadeira paixão, segui-la e ir o mais longe que conseguir vai ajudá-lo a progredir muito nesta vida.

Pergunte a seu corpo se você é um grande vendedor e ouça o que ele lhe diz.

Escreverei novamente em breve.

Franklin"

"Como ele sabe?", Matheus se questionou. Tinha perguntado a seu corpo sobre todos os itens da lista menos sobre vir a ser um grande vendedor.

Respirou fundo algumas vezes, fechou os olhos e disse em voz alta:

– Posso me tornar um grande vendedor?

Levou alguns segundos para seu corpo responder. Começou com uma onda de energia no plexo solar, que se espalhou pelo peito e subiu até a cabeça. Durou cerca de meio minuto. Depois disso, Matheus deixou que se dissipasse.

– É mesmo?– perguntou em voz alta, olhando em volta como se estivesse vendo a sala pela primeira vez. – Sim, eu consigo. Posso ser um grande vendedor!

NO DIA SEGUINTE, ele apanhou Bernie às sete e meia da manhã e os dois foram para o território de vendas de Sam. Chegaram em duas horas e, apesar do trânsito intenso, não se atrasaram para a primeira visita. À medida que o dia passava, Matheus impressionava-se cada vez mais com a facilidade e a naturalidade com que Bernie se relacionava com as pessoas. Obviamente ele estudara os produtos também, pretendendo com isso vender mais itens em cada visita.

Terminaram às quatro e meia da tarde e ele decidiu testar o novo vendedor.

– Por que não fazemos uma visita surpresa a um cliente, antes de voltarmos ao escritório?

Bernie concordou.

– Boa ideia, chefe. Qual cliente vai ser?

Escolheram aleatoriamente um nome na lista de clientes em potencial elaborada no dia anterior. Infelizmente, a empresa já estava fechada quando chegaram, mas Bernie prometeu visitá-los assim que possível.

– Ei, Matheus, por que não me deixa no escritório um dia ou dois para eu telefonar para todos esses clientes? Quer dizer, se achar que estou pronto para isso.

Matheus foi sozinho para casa. Ainda era cedo para dizer, mas sentiu que Bernie seria um ótimo representante. Se bem que uma coisa era visitar e telefonar para clientes em sua companhia, outra era fazer isso por conta própria. Só o tempo diria.

Sorriu, pensando em seu primeiro emprego como vendedor. O senhor Kelly, o gerente, deixara-o à vontade, exatamente como ele estava fazendo com Bernie. "Você tem duas possibilidades: aprender a nadar ou se afogar. A escolha é sua".

Matheus aprendeu a nadar. Demorou algum tempo, mas sua determinação foi mais forte do que as dificuldades. Queria ser um grande vendedor como seu pai.

Mas não foram exatamente os conselhos de seu pai que o ajudaram a crescer como profissional, e sim um conselho simples que o senhor Kelly lhe deu:

"Quando eu era representante, ao final de cada dia, depois de terminar minhas visitas, fazia questão de dar mais um telefonema. Cada um desses telefonemas me oferecia um acréscimo de duzentos e cinquenta clientes em potencial por ano. Foi assim que cheguei a gerente de vendas".

E foi assim que Matheus garantiu seu espaço no mercado de trabalho.

O trânsito estava lento na rodovia e, enquanto olhava ao redor, ele observou um grande prédio comercial do outro lado da pista. Havia luzes acesas no térreo e, pela janela, viu um homem trabalhando no escritório.

"Se fosse meu território, arriscaria uma visita", pensou. "Meu último contato do dia."

Porém, ao mesmo tempo em que descartava a ideia, saiu da rodovia e foi em direção ao prédio. Quando chegou próximo ao portão, viu que estava fechado. Já estava para voltar para o carro quando pensou: "Papai não teria se deixado intimidar por um portão fechado". Animou-se e bateu na porta de vidro.

Como ninguém atendeu, resolveu caminhar até o lado da janela onde vira o homem no escritório. Mais de perto, percebeu que estava bem-vestido e que lia alguns papéis. Sobressaltou-se quando Matheus bateu de leve no vidro.

Pegou um cartão de visita e o exibiu pela janela. O homem obviamente não conseguiu ler, mas indicou a entrada principal e ele se encaminhou para lá.

Uma hora depois, estava a caminho de casa com um sorriso no rosto. O senhor Kelly teria ficado orgulhoso dele. E seu pai também. O homem não fizera nenhum pedido, mas ficou tão impressionado com sua atitude que lhe ofereceu um emprego. Chamava-se Tom Gozinski e era diretor de uma empresa de computação. Um bom contato. No dia seguinte, pediria a Bernie que entrasse em contato com ele.

Apesar de não ter encontrado uma carta do professor Nevin em sua caixa de correio e de sua família ainda não ter voltado, foi dormir muito feliz.

– Sou um bom vendedor – disse a si mesmo. E novamente aquela sensação surgiu em seu plexo solar, espalhando-se pelo peito e subindo até a cabeça.

– Amo muito a Jennie e os meninos – a emoção em seu coração era tão forte que ele quase não conseguia contê-la.

– Sou um homem afortunado – dormiu, então, envolvido por uma suave onda de paz e de alegria.

"Encontre sua fonte de poder pessoal."

"O que você precisa aprender?"

Capítulo 6

Matheus chegou ao trabalho logo depois das sete horas da manhã. Ficou surpreso ao ver que Wilbur já estava lá. Quando entrou em sua sala, o telefone tocava.

– Quero falar com você – disse Wilbur.

Não era uma atitude comum de Wilbur e, por isso, Matheus foi imediatamente à sala dele para saber o que estava acontecendo. Os olhos do gerente estavam vermelhos e ele parecia exausto. E, em vez de cumprimentá-lo, mostrou uma pilha de papéis.

– Você já viu isto? As vendas deste mês foram patéticas.

– Não vim para o escritório ontem. Passei o dia fazendo visitas com Bernie.

Wilbur nem respondeu. Entregou a Matheus as folhas impressas e olhou pela janela, enquanto ele as examinava.

– Podem ser flutuações do período – disse Matheus, após examinar os números. – Vejo algumas áreas com problemas e vou verificá-las imediatamente. Mas, com certeza, você não estaria preocupado se ainda tivéssemos a Lochiel.

O rosto de Wilbur demonstrava clara frustração.

– Mas não temos mais – levantou as mãos. – O que precisamos agora é de vendas, muitas vendas. Por favor, Matheus, consiga mais pedidos de seus clientes.

Matheus nunca vira Wilbur assim. Obviamente, a situação era mais grave do que haviam imaginado. Sem saber exatamente por que, falou a ele a respeito das cartas que recebera e ofereceu-as para que lesse. Voltou para sua sala, pensativo.

O dia prometia ser tumultuado. Bernie telefonou diversas vezes. Percebeu que trabalhar sozinho era bem mais difícil. Matheus prometeu, então, que passaria dois dias da semana seguinte com ele. Duncan agia de maneira estranha. Estava um tanto inseguro depois do vexame com a Lochiel. Wilbur precisou ordenar a ele que fosse visitar seus clientes.

Matheus voltou para casa em pleno horário de maior fluxo do trânsito, tentando não pensar em tudo o que precisava fazer. Enquanto aguardava a luz verde de um semáforo, pensou até em sair da Brazier e encontrar um emprego menos estressante, porém logo descartou a ideia. Seu pai jamais teria fugido de um desafio. "Somente os covardes fogem quando as coisas ficam difíceis", pensou. Até Wilbur pareceu mais animado depois de ler as cartas.

Se houvesse uma maneira de motivar a todos na empresa, as vendas aumentariam novamente. O problema era mudar a atitude mental das pessoas.

Matheus repetiu em voz alta todos os seus objetivos até chegar em casa. E, ao verificar a caixa de correio, viu que um envelope com letras bem conhecidas o aguardava. Ficou tão ansioso para abri-lo que teve de se obrigar primeiro a trocar de roupa. Pegou uma bebida na geladeira, sentou-se e abriu a carta.

"Caro Matheus

Já ouviu dizer que os obstáculos mais difíceis são aqueles que mais nos fazem crescer? Sinto que você não está exatamente em uma 'boa fase'. Mas tente ver o lado positivo das coisas. Há sempre pessoas negativas ao nosso redor tentando nos fazer sentir mal e deprimidos. Estão por toda parte. Claro, existem todos os tipos de pessoas neste mundo: felizes, tristes, solitárias, estressadas, amargas, confusas e até mesmo desequilibradas.

Mas lembre-se, Matheus, de que todas têm uma alma bela, ainda que externamente pareçam sempre tensas ou mal-humoradas. Basta olhar além dos defeitos para descobrir que existe muita beleza em seu interior. Se conseguir fazer isso, será um homem rico.

Imagine-se olhando para alguém, percebendo seus defeitos e ainda assim vendo sua beleza interior.

Quando conseguir fazer isso com todas as pessoas, você será uma fonte de inspiração para elas com seu exemplo, e poderá ajudá-las a ir além de suas limitações para que venham a ser seres completos e realizados. Era isso que eu tentava fazer com meus alunos. Via-os como pequenas plantas que precisavam ser cultivadas e amadas para, um dia, utilizarem todo o seu potencial. Se uma única dessas plantas desse flores e frutos, todo o meu esforço seria recompensado.

Cultive as pessoas, Matheus. Não as deixe murchar. Se conseguir enxergar, além dos defeitos delas, a bela alma que elas trazem dentro de si, começará a tratá-las de maneira diferente. Posso lhe garantir que você só terá boas recompensas.

Bem, você deve estar se perguntando o motivo de eu mencionar tanto a palavra 'alma'. Fique tranquilo. Não estou tentando lhe impor qualquer tipo de crença, espero apenas que você tenha alguma. Todos nós precisamos acreditar em algo. A fé ajuda muito, não apenas nos momentos difíceis, mas o tempo todo. Se você não tem algo que lhe traga fé, comece a ler, estudar, meditar e buscar até encontrar algo que satisfaça suas necessidades em termos de crença. Encontre algo em que acreditar. Isso o ajudará a estabelecer um propósito de vida. Mas lembre-se de que a maior fé que podemos ter é em nós mesmos.

Pense nisso, Matheus. Você pode achar que a fé não tem nada a ver com o fato de querer ser um 'grande vendedor', mas pode ter certeza de que ela o ajudará a conseguir mais vendas ou qualquer outra coisa que você deseje em sua vida. E tudo isso que lhe digo não é criação minha, Matheus. São conceitos muito antigos. Basta estudar a história dos grandes homens para descobrir que todos se basearam neles mesmos para atingir suas metas.

E já posso prever que, daqui por diante, independentemente do que venha a acontecer em sua vida, você passará a ver muito mais beleza ao seu redor e na alma das pessoas que encontrar.

Você pode estar vivendo uma fase difícil, mas mantenha uma atitude positiva. Substitua o medo, a dúvida e as preocupações por uma postura de determinação, entusiasmo e persistência.

Você tem uma alma muito bela, Matheus.

Franklin

P.S.: Sinta-se à vontade para mostrar estas cartas a outras pessoas, se achar que podem ajudá-las também."

Matheus leu a carta diversas vezes naquela noite. E a releu novamente antes de apagar a luz. Era difícil entender a mensagem que o professor Nevin queria transmitir.

Pensou em sua vida. Costumava se relacionar bem com as pessoas ao seu redor. Não lhe passava pela cabeça humilhar ou maltratar ninguém. Claro, houve vezes em que disse coisas de que se arrependeu, mas todos fazem isso de vez em quando.

A manhã seguinte trouxe várias respostas. Chegou ao escritório cedo, mas Bellowes, Wilbur e Avril já estavam lá.

– Tinha muito serviço para adiantar – disse Avril.

– Você é uma ótima colega. Sei que nem sempre lhe agradeço por toda a sua ajuda, mas tenho consciência de que muitas vezes você é quem faz o trabalho duro e deixa parecer que nós é que o fizemos. Muito obrigado.

Sorriu ao ver a surpresa nos olhos dela e foi para o escritório. Mais pessoas o olharam da mesma maneira ao longo do dia. Percebeu que, pela primeira vez, reconhecia o devido valor de cada uma delas. Será que finalmente estava começando a "ver" a alma delas?

Voltou ao escritório no fim da tarde. Duncan estava jogado na cadeira com ar cansado e desanimado. Matheus tentou animá-lo, mas ele mal reagiu.

– Não costumo ficar assim, Matheus – falou.– Sei que você está tentando ajudar, mas é por minha culpa que perdemos a Lochiel. Se eu tivesse sido mais pontual ou, ao menos, se tivesse tentado falar com Roger naquele dia, eles ainda seriam nossos clientes.

Matheus via a tensão e a ansiedade nos olhos dele.

– Isso agora são águas passadas, Duncan. Claro, seria muito bom se eles voltassem a ser nossos clientes, mas não podemos viver no passado. Temos de enfrentar os fatos e aceitar que não são mais nossos clientes, pelo menos por enquanto. Sei que você está tentando reconquistá-los.

– Sei que fui descuidado, mas Roger sempre me pareceu tão tranquilo. Jamais esperei esse tipo de reação da parte dele.

– As pessoas são complicadas. Nem sempre agem da maneira que esperamos ou desejamos. Mas a Brazier já existia e sobrevivia bem antes de ter a Lochiel como cliente. E vamos sobreviver com ou sem os pedidos deles.

Matheus estava surpreso com o seu próprio entusiasmo.

– Pode ser difícil no começo, não há como negar. Mas precisamos do velho Duncan em ação, aquele que adorava um desafio, que se arriscava na medida certa e que voltava para o escritório todos os dias com uma pilha de pedidos nas mãos. E precisamos de um novo Duncan, aquele que aprendeu a lição e está determinado a vencer. Será que podemos contar com ele?

Enquanto Matheus falava, o colega se endireitava na cadeira e seus olhos recuperaram o brilho.

– Será que eu consigo?

– Você acha que eu estaria dizendo tudo isso se não acreditasse que você consegue? Todos nós cometemos erros, Duncan, eu mesmo cometo muitos. Mas isso não importa, desde que aprendamos com eles e sigamos em frente. E sei que você consegue. À noite, havia outra carta na caixa postal. Matheus ficou muito animado.

"Meu caro Matheus

Espero que a natureza metafísica de minha carta anterior não o tenha assustado. Pode ter certeza de que foi a carta mais importante que lhe escrevi. Se começar a observar a alma das pessoas, algo dentro de você irá se modificar. Passará a ser mais compreensivo e a julgar menos. Perdoará mais e sentirá mais paz interior. As pessoas também começarão a tratá-lo de maneira diferente, começarão a ver a beleza de sua alma. Leia aquela carta de novo, Matheus, quantas vezes for necessário até que tudo nela faça sentido. A mensagem é simples, mas pode mudar sua vida.

Sei que você é um homem ocupado, mas se preocupa tanto com os detalhes dos acontecimentos de seu dia a dia que acaba por deixar de ter uma visão geral das situações que se apresentam. Você tem trabalhado muito e também sei disso. Porém, quero que trabalhe menos e realize mais.

Imagino que, ao ler isto, você reclamará deste velho professor que fica lhe mandando cartas. Mas não me importo. Você já reclamava de mim quando era garoto na escola. Estou acostumado.

Quero enfatizar a diferença que um pequeno aumento percentual pode fazer. Como nunca trabalhei em sua área e não conheço os detalhes dela, tentarei ilustrar minha ideia com conceitos básicos de matemática. Vamos supor que você tenha hoje um desempenho de 1,5 em uma escala de 0 a 5 em cada área, o que seria algo assim:

1,5 x 1,5 x 1,5 x 1,5 x 1,5 = 7,6

Agora vamos imaginar que você consiga aumentar essa taxa para 2 para 5, o que seria:

2 x 2 x 2 x 2 x 2 = 32

Aumentando a eficiência em cada área, sua produtividade sobe mais de 400%! E se conseguisse aumentar para 2,5 conseguiria 97. E se dobrasse a produção, atingindo 3, o resultado seria 243.

Claro, sou professor e por isso faço os cálculos à minha maneira. Mas o conceito é o mesmo. Se você se propuser a aprender e a se desenvolver, em todos os momentos de sua vida, acabará por melhorar seu desempenho em todas as áreas. Pense, então, no que isso representa em termos de produtividade total.

Pare e observe sua vida e tudo o que você faz neste momento. Veja o que pode ser melhorado, faça as modificações que precisar e aguarde os resultados.

Sei que não é fácil. Todos nos sentimos esmagados pelo grande número de tarefas que temos a cumprir. O mais importante é analisar tudo o que fazemos e descobrir maneiras de simplificar ou melhorar cada atividade.

Lembre-se, Matheus, de que o trabalho deve ser algo divertido. Quem realmente gosta do que faz, levanta-se animado com tudo o que poderá fazer durante o dia. Claro, não existe trabalho gratificante e alegre o tempo inteiro. Há sempre altos e baixos. Mas, se seu trabalho deixou de ser interessante, é preciso fazer algo a respeito. Tente resgatar a alegria e o entusiasmo de antes. E, se não for possível, vá atrás de novas oportunidades. Ficar parado em um emprego ou em um cargo que não o satisfazem só fará mal a você e a todos ao seu redor. Lembra-se do que eu disse sobre descobrir sua paixão na vida para nunca mais precisar trabalhar? Pois encontre essa paixão e o trabalho irá se transformar em pura diversão.

Há alguns anos me perguntaram se eu continuaria a lecionar se ganhasse na loteria. Não entendi a pergunta. Para que deixar de fazer algo que adoro simplesmente porque tenho dinheiro no banco?

Lecionar era e ainda é minha grande paixão.
Diga, Matheus, se ganhasse na loteria continuaria trabalhando?

Pense nisso.

Franklin"

DEPOIS DE JANTAR, Matheus saiu para caminhar e pensar na carta do professor Nevin. Deixaria de trabalhar se ganhasse na loteria? Provavelmente, sim. E como parar e observar sob um ponto de vista mais amplo o que estava acontecendo em sua vida com tantos detalhes e pressão que sofria naquele momento? Claro, entendera o que o professor queria dizer. Se aumentamos nossa produtividade sentimos os resultados. E se toda a equipe de vendas da empresa aumentasse sua produtividade em 10%?

Fez alguns cálculos e chegou à conclusão de que seria mais do que suficiente para cobrir a perda da Lochiel. Provavelmente, nem todos conseguiriam chegar a 10%, claro, mas qualquer aumento já faria uma grande diferença. Bastava uma mudança de atitude na equipe e as mudanças aconteceriam. Chegou em casa com um plano em mente.

"Cuide dos outros."

"Descubra algo em que acreditar."

"Um pequeno aumento faz uma grande diferença"

"O aprendizado é um processo para toda a vida."

Capítulo 7

Matheus apresentou sua ideia a Wilbur e deixou clara sua vontade de ajudar a todos. Bellowes logo concordou também. Mas, em vez de apresentar o projeto em uma reunião, Wilbur e Matheus quiseram conversar com cada representante individualmente.

Duncan foi o último a ser chamado. E ainda que fosse uma conversa sobre trabalho, decidiram por levá-lo até uma pequena cafeteria próxima dali.

– Você está dizendo que, se eu aumentar em 10% minhas vendas, a Brazier vai pagar um jantar em um restaurante para Mônica e mim?

– Isso mesmo.

Mas o sorriso inicial aos poucos se desfez.

– É impossível. Sem os pedidos da Lochiel, minhas vendas são muito pequenas.

— Mas fizemos o cálculo sobre suas vendas do mês passado, não incluindo a Lochiel. Você tem as mesmas chances que qualquer outro vendedor.

Duncan concordou com a cabeça, mas sem muita alegria. — Vocês só estão fazendo isso por causa do desastre da Lochiel. Todos terão de trabalhar mais por minha causa.

— Talvez. Mas lembre-se de que haverá uma recompensa. Não estamos pedindo a todos que trabalhem mais. Estamos apenas informando que quem aumentar em 10% suas vendas receberá algo em troca.

Duncan tomou um gole do *cappuccino** e pensou um instante.

— Isso no primeiro mês. Mas e nos meses seguintes?

— Buscamos um aumento de 10% em longo prazo. Quem conseguir ganhará um fim de semana em Nova Iorque, com direito a entradas para assistir a um musical. E, se o percentual se mantiver no terceiro mês, o prêmio será uma semana de férias no Havaí.

O vendedor pensou por um momento e respondeu:

— Está certo. Vou dar o melhor de mim. Isso recompensa o pessoal de vendas, mas e quanto aos outros? Todos terão de trabalhar mais, porém nem todos serão premiados.

Matheus esticou o braço e tocou o ombro do colega.

---

* Bebida quente, composta de café e leite, que pode ser servida com canela em pó e creme chantili. (Nota da Editora)

– Foi bom você mencionar. Não tínhamos pensado nesse detalhe.

Wilbur limpou a garganta.

– O Sr. Bellowes e eu já discutimos a questão. Não há muito que se possa fazer nos primeiros dois meses. Mas todos receberão uma gratificação no terceiro. Tudo depende do resultado que teremos. Posso garantir que ele será generoso.

– Muito bem. Se conseguirmos isso, o movimento de vendas da Brazier será o mesmo de antes? – perguntou Duncan.

– Não, será melhor, muito melhor – respondeu Wilbur. – Ah, esqueci de mencionar outra coisa.

– O quê?

– Você disse que vai dar o melhor de si. Mas não é para tentar, apenas. Quero que consiga, certo?

A novidade animou os funcionários. Todos pareciam mais otimistas. Matheus percebeu que o ambiente estava bem mais leve e descontraído. As pessoas riam e conversavam. Será que finalmente estava vendo a almas deles?

Até Jennie percebeu o entusiasmo em sua voz, quando ele telefonou para ela na quinta-feira à noite.

– Você bebeu? – perguntou.

Matheus riu.

– Quero contar tudo pessoalmente. Como estão os meninos?

Quando se deitou naquela noite, Matheus decidiu passar o fim de semana com eles. E, se conseguisse sair cedo, teria tempo de pegar um desvio e falar com Bernie Nevin e ver como estavam as coisas com ele. Mas nem foi necessário, pois Sam e Bernie chegaram ao escritório logo depois das três horas da tarde.

Sam elogiou a habilidade de Bernie e mostrou a pilha de pedidos que ele conseguira.

– Estou contente que seja ele que irá me substituir – disse. – Quase todos os meus clientes se tornaram meus amigos e eu queria alguém muito bom para cuidar deles depois que eu saísse.

Matheus foi para casa para arrumar a mala antes de viajar. Havia outra carta do professor Nevin na caixa de correio. Pegou-a, dobrou-a cuidadosamente e colocou-a no bolso da camisa, para lê-la quando fizesse uma parada na estrada para jantar.

A rodovia estava congestionada. Matheus sorriu ao passar pelo prédio de escritórios que visitara quando trouxera Bernie para seu território de clientes. As luzes estavam acesas como da outra vez. E Tom Gozinski ainda estava trabalhando. De repente, algo lhe veio à mente. Esquecera-se de falar dele para Bernie. Podia aproveitar para telefonar enquanto o trânsito estava lento. Olhou para o relógio. Como sua família não sabia que ele iria, podia parar agora e fazer uma refeição rápida antes de pegar a estrada.

Perguntou a seu corpo se deveria parar e uma sensação de calma e paz o invadiu.

*

MATHEUS BATEU de leve na janela e Tom pulou na cadeira, depois riu ao vê-lo e o convidou a entrar.

— Você não existe — disse. — Quantos representantes visitam clientes em uma sexta-feira à noite?

Matheus olhou para o relógio e se desculpou pelo horário.

— Que tal comermos alguma coisa? Preciso jantar e acredito que uma pequena pausa vai lhe fazer bem.

Foram a um pequeno restaurante que Tom sempre frequentava. Ofereceram a eles uma mesa do outro lado do salão. Sentaram-se e Matheus pediu a ele sugestões para escolher o prato. Perguntou então sobre sua família e viu que Tom se entusiasmou a falar sobre seus filhos e sua vida pessoal. Matheus disse a ele que estava indo passar o fim de semana com a família.

— E mesmo assim parou para me ver. Fico impressionado. Provavelmente já estaria lá se tivesse ido direto. Bem, eu me rendo. Fale-me da Brazier e de seus produtos. O mínimo que posso fazer, depois de sua gentileza, é ouvi-lo.

JÁ ERAM QUASE onze horas da noite quando Matheus chegou à fazenda. A família estava dormindo e ele jogou pedrinhas na janela de Jennie para acordá-la.

Ela abriu a porta rindo.
– Estamos parecendo dois adolescentes!
– Então, que tal brincarmos um pouco? – Matheus a abraçou.

Foram para a cozinha tomar chocolate quente e colocar as notícias em dia. Ele começou a falar sobre as cartas do professor Nevin e só então se lembrou da que tinha guardado no bolso. Abriu-a cuidadosamente e começou a ler em voz alta.

"*Caro Matheus*

Sou eu de novo. Espero que sua atitude diante da vida esteja mudando. E vai mudar cada vez mais se seguir minhas sugestões. Como sei? Tive algumas dificuldades no passado e alguém me ajudou muito com essas ideias. E essa pessoa também as recebeu de um amigo quando estava com problemas em sua vida. Para mim é um orgulho fazer parte desta corrente de amigos que ajudam uns aos outros, e fico contente cada vez que tenho a oportunidade de dividir esses segredos com quem quer que se encontre em dificuldades. Sou um elo da corrente e você agora é mais um. Espero que um dia possa expandi-la dividindo esses conhecimentos com mais alguém.

Pronto para mais uma aula deste velho professor? Hoje quero falar sobre planos de futuro. E não estou me referindo à aposentadoria, embora ela também seja importante. Estou falando de objetivos que você tem em mente. Uma vez estabelecidos, é mais fácil dirigir sua vida para a realização deles. Creio que foi Carlyle* quem disse que 'um homem sem um objetivo é como um barco sem leme, abandonado, um ser que não existe'. Todos precisamos de um objetivo para seguir em frente. O Sr. Stokes, zelador da escola, tinha um propósito: ter a escola mais limpa e organizada do país. Não sei se atingiu sua meta, mas ainda que não tenha atingido chegou bem perto. Ter um objetivo trouxe dignidade, sentido e propósito à sua vida. Meu objetivo era ser um excelente professor.

Qual é o seu objetivo, Matheus? Quando o conheci, você queria ser um grande vendedor, como o seu pai. Este ainda é seu objetivo? Se não for, tente descobrir outro. Uma dica: torne-se o melhor que puder em qualquer área ou atividade a que se dedicar. Assim, sempre se destacará da multidão. Será notado, respeitado e admirado. Claro, sempre haverá aquelas pessoas pequenas, que tentarão impedir seu crescimento para que fique sempre no mesmo nível que elas. Elas sempre existirão. Mas você estará tão ocupado e concentrado olhando para a frente e para o alto que nem notará a presença delas.

---

* Thomas Carlyle (1795-1881), ensaísta e historiador nascido na Escócia, escreveu sobre a Revolução Francesa em 1837. (Nota da Tradutora)

Carlyle estava certo quanto a termos um objetivo de vida. Gosto das palavras dele: 'O homem de pouca vontade dá um passo para frente e outro para trás e caminha sempre em terreno íngreme. O homem de vontade firme avança sempre, mesmo em terreno difícil, e atinge seus objetivos ainda que eles não façam muito sentido para as outras pessoas'.

Ter um objetivo tem muitas vantagens. A mais importante é ele nos fazer enxergar o caminho à frente para atingi-lo, além de nos dar mais energia e entusiasmo do que imaginamos. Assim, motivados, chegamos fatalmente ao sucesso. Nossa saúde e nossa vitalidade se mantêm em alta. Temos um motivo para nos levantar da cama pela manhã. Nossa mente se mantém ativa e jovem, mesmo que nosso corpo tenha mais idade. A vida torna-se mais interessante e divertida. Se estou exagerando? Não, não estou. Una um objetivo a uma paixão de vida e você conseguirá tudo o que quiser.

Creio que por hoje basta, Matheus. Há apenas algo que devo lembrar: quando você se propuser a seguir seus objetivos, passará automaticamente a influenciar as pessoas ao seu redor, ou melhor, a todas as pessoas que têm uma relação direta com sua vida. Seus filhos, por exemplo, aprendem o tempo todo. E absorvem tudo o que você lhes ensina. Você é um modelo para eles. Portanto, seja um pai de quem eles possam se *orgulhar e seguir o exemplo. Não seria bom se eles pensassem 'um dia quero ser como ele'? Você não pensava assim quando era criança, Matheus?*

Abraços,

Franklin"

Os dois ficaram um bom tempo em silêncio quando Matheus terminou de ler. Uma lágrima escorreu em seu rosto, enquanto Jennie pegava em suas mãos.

– Que homem incrível – disse ela, com a voz embargada. – É como se estivesse falando com nós dois.

Matheus concordou e a beijou no pescoço. Jennie sorriu e o empurrou de brincadeira.

– Ainda não, querido. Leia a carta mais uma vez.

"Qual é o seu objetivo?"

"Você é um bom modelo de referência?"

Capítulo 8

As duas semanas seguintes foram bastante agitadas para Matheus tanto em casa quanto no trabalho. As férias de verão acabaram e as aulas de seus filhos recomeçaram. Ele e Jennie sentiam-se verdadeiros motoristas particulares, levando os garotos para a escola e para todos os lugares.

Sam saiu da empresa e Matheus passou vários dias fazendo visitas com Bernie, que estava determinado a aumentar as vendas em 10% para ganhar o jantar. Trabalhava até mais tarde, telefonava para todos os clientes ativos e tentava conquistar clientes novos. A cada visita, sua energia e capacidade impressionavam Matheus ainda mais, que decidiu levá-lo então para conhecer Tom Gozinski.

– Quer dizer que você faz visitas à noite e também durante o dia? – perguntou Tom, brincando.

Tom os levou para uma lanchonete ali perto e os três conversaram sobre esportes e tomaram café. Recusou-se a falar de trabalho, mas aceitou o cartão de Bernie quando se despediram.

– Vou telefonar para você – disse.

Já fazia duas semanas que Matheus não recebia carta do professor Nevin. Começou a ficar preocupado. Resolveu pedir a Bernie o endereço dele.

Jason e Eric estavam no portão esperando por ele quando chegou a casa.

– Chegou uma carta – gritaram quando ele estacionou na garagem.

Jennie e os dois sentaram-se à mesa com Matheus, enquanto ele abria o envelope. Como sempre, era uma folha de papel escrita em ambos os lados com a bonita letra do professor. Ele leu em voz alta.

"*Caro Matheus*

Você deve estar imaginando o porquê de tanta demora. Foram tantas cartas seguidas e de repente deixei de escrever. Estive bastante ocupado esses dias, mas também tive algum tempo para pensar e há várias coisas que quero lhe dizer hoje. Algumas delas você já sabe, mas não custa enfatizar. Às vezes, uma velha ideia sob um novo ponto de vista pode fazer toda a diferença. Mas, seja como for, tenha um pouco de paciência com este velho professor, pois são coisas importantes que têm muito a ver com tudo o que já mencionei antes.

Em primeiro lugar, assuma o controle de seus pensamentos. Sei que você acredita no poder do pensamento positivo e que está ciente de que ele pode mudar sua vida. Acredito também que use afirmações positivas em seu dia a dia. Já é um bom começo, mas é preciso um pouco mais que isso. Muitas vezes, ficamos tão ocupados com nossas tarefas diárias que acabamos nos esquecendo de fazer as afirmações. Então, basta termos um dia ruim e os pensamentos negativos passam a ocupar nossa mente outra vez. Temos até consciência de que são pensamentos negativos, mas, como as situações parecem muito difíceis, acabamos cedendo a eles.

Por sorte há algumas coisas que podem ser feitas nesses casos.

Símbolos ajudam muito. Os chineses os utilizam há centenas de anos para motivar e inspirar as pessoas. Por exemplo: eles relacionam água a dinheiro. Uma fonte na frente de uma casa representa riqueza e abundância.

Você pode estabelecer símbolos em sua vida. Tenho uma ideia fácil de colocar em prática e que pode ajudar. Escreva suas afirmações prediletas em pequenos pedaços de papel e as deixe em locais onde poderá vê-las com frequência. O banheiro, por exemplo, é um bom lugar. Eu tenho algumas em meus bolsos e, sempre que preciso colocar ou pegar alguma coisa neles, deparo com elas. Você também pode lê-las enquanto tiver de esperar por alguém. É uma maneira de utilizar bem o tempo ocioso.

Você tem filhos pequenos, Matheus. Peça a eles para desenhar ou pintar algo que represente afirmações positivas. É uma boa maneira de incentivá-los a utilizá-las também. E você mesmo pode fazer alguns desenhos. É um bom exercício, pois coloca em ação o lado criativo de seu cérebro. Quem sabe você não acaba descobrindo um talento escondido, apenas esperando para vir à tona? Deixe o desenho em um local visível e, toda vez que puser os olhos nele, lembrará o que ele significa.

Outra técnica bastante útil é se imaginar em uma situação que ilustre a afirmação positiva. Você pode até pensar que é bobagem; que estou sugerindo a você que imagine coisas que não existem. Bem, na verdade, é um exercício muito eficaz. Nosso subconsciente não sabe a diferença entre imaginação e experiência real. Portanto, imaginar situações positivas pode ajudar se você quer atingir seus objetivos.

Como disse no início, há duas coisas que quero discutir hoje. A segunda, é que você deve seguir sempre a Regra de Ouro: fazer aos outros somente aquilo que quer que façam a você. É a única regra prática e real da vida, e que nos permite viver com integridade. Quando a seguimos, podemos repousar com tranquilidade nossa cabeça no travesseiro todas as noites. Ela nos dá segurança e paz de espírito, pois nos ajuda a dar o nosso melhor em cada situação, sem nos sentirmos atormentados pelo medo, pela preocupação e pelo arrependimento. Seguindo essa regra, podemos ter certeza de agir sempre com honestidade, o que é um bem precioso. Lembra-se da peça Hamlet? Uma das frases de Shakespeare era: 'Sim, porque do jeito que o mundo se encontra, ser honesto equivale a ser escolhido entre dez mil'.

Ensine a seus filhos a Regra de Ouro, nem que seja a única coisa que eles venham a aprender com você. Ela garantirá a eles uma vida honesta e tranquila, e fará que sejam sempre respeitados, admirados e tidos como referência por todos. Eles serão pessoas íntegras. Existe bem maior que este na vida de alguém?

Seu amigo,

Franklin"

Matheus terminou de ler e olhou para Jennie.

– Isso é lindo – ela disse. – Tão doce e ao mesmo tempo tão sábio, que parece até ter sido escrito por um anjo guardião. Matheus se levantou e a abraçou. Os meninos também se juntaram ao abraço.

NAS DUAS SEMANAS seguintes, Matheus falou com Bernie quase todos os dias. Queria pedir o endereço do professor Nevin, mas nunca se lembrava.

À medida que o fim do mês se aproximava, os olhos de todos se voltavam, atentos, aos números das vendas. Duncan foi o que mais se destacou em termos de porcentagem de aumento, talvez pelo sentimento de culpa em relação à perda da Lochiel. E, embora não tivesse comentado, Matheus ouviu dos outros vendedores que ele a visitava sempre, na esperança de recuperá-la. Quatro vendedores conseguiram atingir e até mesmo ultrapassar a margem de 10% de aumento nas vendas. Matheus também aumentou sua porcentagem. Mas lamentava ter perdido tanto tempo ajudando Bernie, pois, do contrário, também teria atingido a meta.

No dia vinte e sete, Bernie tinha registrado um aumento de 8% em sua região comparado aos números dos meses anteriores, embora parte do trabalho tivesse sido de Sam. Para surpresa de Wilbur, Bellowes achou que ele deveria receber um prêmio também.

– Ele é novo na empresa e está se esforçando bastante. Merece ser recompensado.

Wilbur não gostou. Costumava ser a favor de toda estratégia que motivasse os vendedores, mas desta vez discordou.

– As regras são muito claras: 10%. Claro, Bernie está indo muito bem, mas deve atingir a meta como todos os outros.

No dia seguinte, Matheus foi para a região nordeste passar o dia trabalhando com Bernie. Visitaram os clientes e o novo vendedor conseguiu alguns pedidos pequenos. Os clientes prometeram que fariam pedidos maiores no primeiro dia do mês e ele achou que não iria atingir a meta.

– Há três fatores a considerar – disse ele, contando nos dedos. – Primeiro, é meu primeiro mês na empresa. Segundo, nenhum dos clientes me conhece e por isso ainda não se sentem tão à vontade comigo. E, terceiro, entrei em contato e provavelmente recuperei vários clientes que já não compravam conosco havia algum tempo. No próximo mês, tudo será bem mais fácil.

– Você ainda tem dois dias – respondeu Matheus. – As chances são poucas, mas algo ainda pode acontecer.

No fundo, Matheus sabia que era praticamente impossível. Já era quase noite quando foi para casa. Não percebeu que era tão tarde. O trânsito estava muito ruim e ficou ainda pior perto do escritório de Tom Gozinski. Como sempre, as luzes estavam acesas.

E como já era seu hábito, parou e foi bater na janela.

– Que bom que você veio – disse ele. – Tenho um pedido para você.

– Muito bom. Vou pedir a Bernie que venha amanhã.

Tom balançou a cabeça.

– É pouca quantidade, mas preciso com urgência.

Não se preocupe. Vou comprar aqui perto.

Matheus riu.

– Ah, não vai mesmo! Vou anotar agora e fazer que entreguem amanhã, no máximo até a hora do almoço.

Era realmente um pedido pequeno.

– Farei pedidos maiores em breve – disse Tom, como querendo se desculpar. – Infelizmente só precisamos deste no momento – olhou para o relógio. – Vou fazer uma pausa para comer. Você está com fome?

MATHEUS DEIXOU os filhos na escola, antes de ir para o trabalho, na manhã seguinte. Depois, foi ao depósito da empresa e pediu ao supervisor que enviasse imediatamente o pedido de Tom. Telefonou uma hora depois e o material já havia sido enviado. Na hora do almoço, telefonou para a secretária de Tom, que confirmou o recebimento.

Passou a tarde telefonando para seus clientes para verificar se precisavam de alguma coisa com urgência.

Wilbur entrou na sala dos vendedores, às quatro e meia da tarde, com um grande sorriso nos lábios.

– Obrigado a todos – disse, olhando ao redor. – Graças ao trabalho de vocês, as vendas foram quase iguais às do mês passado. Vocês mostraram que a Brazier pode perfeitamente sobreviver sem a Lochiel – passou, então, de mesa em mesa apertando a mão de todos.

– E o mês ainda nem acabou. Temos mais um dia – disse, ao sair. – Talvez até amanhã os números se igualem ao mesmo do período passado.

Havia uma carta do professor Nevin na caixa de correio, quando Matheus chegou a casa. Colocou-a com carinho sobre a mesa.

– O jantar ainda não está pronto, garotos. Que tal jogarmos um pouco de futebol?

Meia hora depois, Jennie os chamou. Sentaram-se, então, cansados e felizes.

– Abra a carta – pediu Jason.

Matheus a pegou na mão, mas pensou por um instante e respondeu ao filho:

– Daqui a pouco, depois do jantar.

"Será impressão minha", pensou, "ou eles estão se relacionando melhor ultimamente?" Ficou observando os dois brincarem com um jogo de listar as principais capitais do mundo. Olhou para Jennie e trocou com ela um sorriso.

– Seu dia foi bom? – ela perguntou.

— Foi, sim. Mas este momento está sendo a melhor parte.

Só abriu a carta depois que os meninos foram se deitar. Jennie sentou-se ao lado dele, no sofá, e os dois leram juntos.

"*Caro Matheus*

Esta é minha última carta para você. Não fique triste. Eu é quem devo ficar. Mas creio que lhe dei muitas coisas em que pensar. Se conseguir colocar em prática um pouco do que lhe passei, tenho certeza de que o sucesso abrirá as portas para você.

Mas tenha sucesso à sua própria maneira, Matheus. Nunca viva de acordo com a vida, com as expectativas ou com os sonhos das outras pessoas. Não é assim que se encontra paz de espírito ou felicidade. E nunca faça algo somente para ter a aprovação de alguém. Siga o seu coração, seja leal para consigo mesmo e transforme sua vida em uma grande e emocionante aventura. Seja positivo. Todas as manhãs, ao se levantar, você pode decidir se terá um dia bom ou ruim, basta escolher seus pensamentos. Escolha ter pensamentos positivos e o dia será muito bom. Claro, nem todos os dias são maravilhosos, mas você pode sempre torná-los melhores. Independentemente do que acontecer em sua vida, você pode ser feliz se desejar. Pois seja feliz,

Matheus. Fará uma diferença enorme para você e para todos ao seu redor. Felicidade é um hábito. Faça alguém feliz e você também será.

Faça aquilo que precisa ser feito. Não procure apenas ser elogiado, pois isso raramente acontece. Na maioria das vezes, nossos maiores esforços nem sequer são reconhecidos. Mas isso não importa, desde que saibamos que demos o nosso melhor.

Tenho muita fé em você, Matheus. Você pode fazer algo pelo mundo, se quiser. Eu fiz isso à minha maneira.

Estes princípios são universais. E são tão antigos que todos deveriam conhecê-los muito bem. Mas parece que quase ninguém os conhece. Acabaram por se tornar verdadeiros segredos; os segredos do sucesso. Leia sobre a vida das grandes figuras da história e verá que a maioria delas utilizou esses mesmos conceitos, consciente ou inconscientemente. Estude bem esses conceitos, Matheus, e faça bom uso deles.

Passo-lhe agora o bastão. Como lhe disse, alguém o passou a mim há muitos anos. Agora, tenho esperança de que você também o passe a alguém no futuro.

Peço que se lembre de mim com carinho.

Um grande abraço a todos vocês.

Franklin"

Jennie puxou Matheus para perto dela e o beijou carinhosamente.

– Também me sinto grata ao professor Nevin – disse. – Ele ajudou a nos aproximarmos novamente. Suas cartas foram para todos nós.

– Preciso encontrá-lo – Matheus respondeu. – Ele fez muito por mim. Quero agradecer-lhe pessoalmente.

O ÚLTIMO DIA do mês foi bastante agitado. A equipe de vendas trabalhou em dobro tentando conseguir alguns pedidos de última hora para garantir o prêmio.

Bernie chegou depois do almoço. Correu para o escritório e mostrou a Matheus um pedido que havia recebido.

– Acho que consegui os 10% – disse.

Matheus olhou o pedido. Era de Tom Gozinski, e de três mil dólares.

– Fantástico! – exclamou. – Muito bem!

Bernie balançou a cabeça.

– Mas não é meu. É seu. Tom me contou sobre suas visitas no fim do expediente. Disse também que o primeiro pedido que fez chegou em tempo recorde. O pedido é seu.

– De jeito nenhum – Matheus respondeu. –Tom está em seu território. É seu cliente – olhou novamente o pedido. – É uma boa empresa. Quem sabe não venha a substituir a Lochiel?

– Só um detalhe – disse Bernie. – Por que ele me entregou este pedido hoje? No lugar dele, eu teria entregado somente no primeiro dia do mês. Você comentou sobre o prêmio?

Matheus encolheu os ombros.

– Posso ter comentado, não me lembro – e sorriu. – Seu primeiro mês foi incrível, Bernie. Continue assim. E antes que ele saísse, pediu o endereço do professor Nevin.

"Use o poder das afirmações positivas."

"Faça aos outros aquilo que você quer que façam a você."

"Tenha sucesso à sua maneira."

"Escolha seus pensamentos."

"Faça algo diferente neste mundo."

Capítulo 9

Wilbur apareceu na porta da sala dos vendedores, às quatro da tarde, e fez um sinal para Matheus, que se levantou, curioso, e foi atrás dele até sua sala.

– Há algum problema? – perguntou.

Wilbur respondeu entregando a ele uma folha de papel com os nomes de todos os vendedores que haviam conseguido 10% de aumento em suas vendas. Mas seu nome não estava na lista.

– Falta muito pouco, Matheus. Será que não há um cliente que possa fazer um pedido ainda hoje, no último dia do mês, e ajudá-lo a conseguir?

Matheus riu.

– Já liguei para todos. Poderia até pressionar um pouco e pedir favores, mas não quero fazer isso. Obrigado, Wilbur, mas é melhor esquecermos.

– Mas foi você quem deu a ideia dos prêmios.

– Uma coisa não tem a ver com a outra. Eu não consegui atingir a meta – Matheus respondeu balançando a cabeça.

– Você deixou de visitar seus clientes durante vários dias para ajudar Bernie.

– Foi uma decisão minha e me fez bem ajudá-lo. Fique tranquilo, Wilbur. Vou tentar conseguir as vendas no mês que vem.

Enquanto voltava para sua sala, percebeu que usara a palavra "tentar".

Sentou-se e olhou para os vendedores, que estavam animados, conversando sobre a premiação. Era um momento de descontração após um mês de muita correria e tensão. Alguns tinham certeza de ter atingido a meta; outros não. E era bom ver que Bernie já se enturmara, que fora bem recebido no grupo. E conseguira cumprir a meta graças a Tom Gozinski.

Em um impulso, telefonou para Tom para agradecer por ter feito o pedido.

– Você está bem? – Tom perguntou. – Sua voz está estranha.

Matheus deu um riso forçado.

– Estou ótimo. A Brazier atingiu as metas de vendas do mês e fiquei muito contente ao ver que Bernie conseguiu, e graças a você.

Tom riu.

– Sim, lembro-me de que você mencionou a estratégia e achei que seria divertido ajudar – fez uma pausa. – Mas e você, Matheus? Atingiu sua meta?

– Acho que não, mas ainda posso conseguir no mês que vem.

– Isso não está certo – disse Tom, preocupado. – Nunca vi um vendedor trabalhar como você. Deveria ser o primeiro da lista. Qual é mesmo a região de seus clientes?

Cinco minutos depois, Matheus estava no carro, lutando contra o trânsito caótico de uma sexta-feira à tarde. Era loucura visitar um possível cliente àquela hora, ainda mais sem marcar, mas Tom insistiu muito para que ele fosse. Quem, em sã consciência, faria um pedido de centenas de dólares a uma empresa sem sequer conhecê-la direito?

– Pense positivo – disse a si mesmo.

Enquanto aguardava em um semáforo, perguntou ao seu corpo se era mesmo uma boa ideia fazer aquela visita. Para sua surpresa, sentiu entusiasmo e energia. Seguiu sorrindo o resto do trajeto, sem estresse, e chegou ao estacionamento da empresa pouco antes das cinco horas.

A recepcionista estava vestindo o casaco quando ele entrou.

– Por gentileza, eu poderia falar com o senhor Josh McCormick? – perguntou, entregando a ela seu cartão de visita.

– Creio que ele já saiu – disse ela. – Vou tentar ligar para o ramal dele – um momento depois passou o telefone para Matheus. – Ele ainda está na empresa.

Matheus explicou rapidamente sobre sua empresa e o motivo de sua visita e, para sua surpresa, Josh pediu que aguardasse porque falaria com ele.

Algum tempo depois, um homem alto e atlético, com aparência de trinta anos, surgiu na recepção.

– Olá. Sou Josh McCormick.

Após um aperto de mãos, Josh sentou-se e perguntou:

– Muito bem, quem armou isso?

– Como assim?

– Deve ser uma brincadeira. Conheço a Brazier, mas nunca recebi visitas de vocês. E agora você me aparece cinco minutos antes de encerrarmos o expediente. Só pode ser piada.

– Não é brincadeira. Um amigo meu, Tom Gozinski...

– Matheus tentou responder.

– Tom Gozinski? – Josh se levantou. – Vamos até meu escritório.

No caminho, Josh explicou que Tom havia sido presidente da corporação durante vários anos e depois saiu para montar seu próprio negócio.

– Foi ele quem me contratou. Devo-lhe muito, e por isso sou todo ouvidos a você. Fale-me sobre seus produtos.

Trinta minutos depois Matheus saiu da empresa com um pedido. Telefonou para Tom no caminho para agradecer.

– Você telefonou para Josh antes de eu chegar, não?

– Queria telefonar, sim, mas como você me pediu para não fazer isso, resolvi cumprir minha palavra. Então, ele fez um pedido?

– Sim, muito obrigado. Vai ser mais que suficiente para me garantir o prêmio.

– Muito bom. Fico contente. Você é um grande vendedor, Matheus. Se um dia decidir mudar de empresa, quero ser o primeiro a saber.

– Obrigado mesmo, Tom. Obrigado por esse pedido.

– Não fui eu que fiz. Você conseguiu. Uma boa noite!

Naquela noite, Matheus levou a família para jantar e comemorar. Enquanto esperavam a sobremesa, Jason e Eric lhe entregaram um cartão que fizeram para ele. Na frente do cartão havia o desenho de um vendedor carregando sua tradicional maleta, porém usando uma capa, voando sobre as nuvens da cidade, indo visitar um cliente. Acima do desenho lia-se a frase "Para um grande vendedor". E dentro do cartão estava escrito: "Para nosso pai e nosso vendedor favorito. Você é o melhor. Um grande abraço. Jason e Eric".

Matheus ficou com os olhos cheios de lágrimas.

– Muito obrigado, meninos. Que surpresa maravilhosa. Mas como vocês sabiam que eu consegui atingir a meta?

– Porque você é o melhor! – disse Eric.
– E o melhor pai também! – completou Jason.
Quando foram se deitar, naquela noite, Matheus abraçou Jennie.
– Adorei o cartão que os meninos fizeram. Vou levá-lo para o trabalho comigo amanhã – fez uma pausa. – Fiquei emocionado com a confiança que eles têm em mim. Sabiam que eu conseguiria.
Jennie riu.
– Não ia lhe contar, mas acho que devo. O cartão era para tentar consolá-lo quando você chegasse a casa. Achamos que depois de ter passado tanto tempo acompanhando Bernie, nas visitas, você não conseguiria atingir sua meta. Mas o fato de você ter conseguido deixou tudo ainda mais perfeito.
– Você acha que passei tempo demais ajudando Bernie?
– Não, é claro que não. O professor Nevin deve ter ficado muito contente por você ter ajudado um parente dele.
– Mas não fiz isso porque ele é parente do professor. Fui ajudá-lo como ajudaria a qualquer pessoa.
– É por isso que me casei com você, amor. Apesar de nem sempre dizer palavras carinhosas, você tem um grande coração.
Matheus beijou-a, carinhosamente e depois riu.
– Vamos brincar de ser adolescente outra vez?

Capítulo 10

Chegou, então, a manhã de sábado. Matheus e Jennie sentaram-se por um instante à sombra da varanda e ficaram observando os meninos jogar bola.

– Não quer mesmo ir? – Matheus perguntou.

A esposa sorriu.

– Quero conhecer o professor Nevin, mas acho que desta primeira vez você deveria ir sozinho. Na volta você me conta como foi.

– Está certo, então – Matheus a beijou e se despediu dos filhos.

Era estranho ver que tudo dera tão certo, e foi pensando no caminho. O professor Nevin agira o tempo todo de maneira misteriosa. Suas cartas não tinham endereço de remetente. Em tese, ele poderia morar em qualquer parte do país. Mas, como também não tinham selo ou carimbo, era bem provável que morasse ali por perto.

Obviamente, tratava-se de uma pessoa extremamente reservada. Seu nome não constava em listas telefônicas, na internet ou em nenhum catálogo. Não fosse Bernie Nevin, Matheus jamais teria conseguido seu endereço. A rua onde ele morava era sem saída; uma viela calma e bem arborizada. A casa, um sobrado de madeira recém-pintado, era uma das últimas. O jardim era bem cuidado. Havia flores adornando as laterais do caminho até a porta.

Matheus estacionou e respirou fundo antes de pegar o presente que trouxera e sair do carro. Era uma bonita edição de capa dura do livro *Voyages*, de Richard Hakluyt, que comprara em um antiquário. Sabia que o professor adorava o período da dinastia Tudor e, com certeza, gostaria muito do exemplar. Acariciou a embalagem e percebeu que poderia deixá-lo sem graça com o presente. Mas era tarde demais para se preocupar com isso.

Saiu do carro e olhou para a casa. As janelas estavam abertas. Ele provavelmente estava em casa. Foi até o portão e apertou a campainha.

Alguns minutos se passaram. Finalmente, uma voz de mulher respondeu:

– Só um instante.

Ouviu os passos na escada. Presa por uma corrente de segurança, a porta se abriu apenas alguns centímetros.

– Sim? – ela perguntou.

Matheus sorriu.

– Desculpe incomodar. Gostaria de falar com o Sr. Nevin.

– Ele está trabalhando. Volta somente depois das cinco horas.

– Estou procurando o professor Franklin Nevin. Ele é aposentado.

A porta fechou e abriu-se novamente, desta vez sem a corrente. Era uma mulher baixinha e gordinha. Usava um avental e um vestido florido. Olhou para ele de maneira estranha.

– Franklin? – perguntou. – Franklin? – repetiu e franziu a testa. – Ele morreu faz cinco anos.

– Mas eu trouxe um presente para ele – disse Matheus, e logo em seguida percebeu o absurdo que dizia.

– Ele enviou-me algumas cartas e eu queria agradecer-lhe pessoalmente. Mas, obviamente, já e tarde.

A mulher saiu e tocou em seu braço.

– Franklin era um bom homem. Ajudou muita gente. Com certeza você é mais uma parte de seu legado para o mundo – e suspirou. – Ele faz muita falta nesta casa – ela sorriu e convidou: – Venha, entre. Uma xícara de café vai lhe fazer bem.

Uma hora depois, Matheus saiu, agradeceu e voltou para o carro. Colocou com carinho, no banco do passageiro, a fotografia que a mulher lhe dera e acenou para a sobrinha do professor Nevin, antes de dar a partida.

Jennie veio na direção da garagem enquanto ele estacionava.

– Então? Falou com ele?

Matheus fez que sim com a cabeça e entregou a ela a fotografia.

– Este é o professor Nevin. Disse a ele que sou um grande vendedor, exatamente como meu pai – olhou mais uma vez para a foto do professor sorridente na moldura: – Cá para nós, professor Nevin. Você é o maior vendedor que já conheci.

Epílogo

Há alguns anos, resolvi escrever uma carta para um amigo que passava por dificuldades. Mas, em vez do texto que pretendia escrever, veio-me à mente uma história que acabou se transformando em um livro, *Os sete segredos do sucesso*. E recebi mais cartas de leitores desse livro do que de qualquer outro material que já escrevi. Foi traduzido para nove idiomas, o que mostra que sua mensagem é universal.

Desde que foi publicado, em 1997, as pessoas têm me pedido para escrever uma continuação. No início, pensei que seria fácil, mas depois percebi que não seria tão fácil assim. Isso porque não escrevi *Os sete segredos do sucesso*; o livro se escreveu sozinho quando me sentei para redigir a carta para meu amigo. Não houve planejamento nem rascunho prévio. Então, quando comecei a pensar em uma continuação, todas as ideias que me vinham à mente me pareciam estranhas ou artificiais.

Recentemente, eu seguia para uma reunião com amigos. E lá estaria uma de minhas amigas que sempre me pedia para dar continuidade ao material, e preparava-me para dizer a ela que tinha desistido. Mas fiquei preso no trânsito e, de repente, a história completa de *Segredos do sucesso – Cartas para Matheus* surgiu em minha mente. Meus amigos devem ter me achado muito chato naquela noite, pois eu não via a hora de voltar para casa e começar a escrever.

Como o professor Nevin morrera cinco anos antes de tudo o que escrevi neste livro, de onde as cartas vieram afinal? Existe um fenômeno muito interessante denominado "escrita automática", no qual alguém pega uma caneta e começa a escrever sem pensar, sem se concentrar ou fazer esforço. Autores como Alfred Lord Tennyson, William Butler Yeats e Gertrude Stein conhecem bem esse método. Várias obras foram escritas assim. Uma delas é *Swan on a Black Sea* (O cisne em um mar negro), de Geraldine Cummins.[*] C. H. Broad, o famoso filósofo inglês, escreveu o prefácio da obra e nele afirmou: "Existe, sem a menor sombra de dúvida, evidência de que algumas pessoas têm grandes poderes criativos e de dramatização que se revelam apenas quando se encontram em estado de dissociação".

---

[*] Publicado por Routledge and Kegan Paul em Londres, Inglaterra, em 1965.

A pessoa normalmente está consciente de que está escrevendo automaticamente. Em alguns casos, no entanto, não se lembra do que ocorreu. Consequentemente, é possível que o próprio Matheus tivesse escrito as cartas, mas não se lembrasse do fato.

Mas de onde teriam vindo as informações? Muito provavelmente de seu subconsciente, em momentos específicos. Outra hipótese é que teriam vindo da consciência universal, origem de todas as ideias e inspirações.

O subconsciente de Matheus poderia ter utilizado o método de escrita automática para entrar em contato com o espírito ou a alma de Franklin B. Nevin.

Bem, mas não importa de onde as informações vieram, desde que elas sejam úteis para você. Matheus é um vendedor. Mas os princípios que Franklin B. Nevin transmitiu a ele por meio das cartas podem ser utilizados por qualquer pessoa, independentemente de sua área de trabalho.

Espero que você também as coloque em prática e tenha muito sucesso "à sua maneira".

Um romance empolgante sobre a Lei da Ação e Reação.

Afonso Moreira Jr.

Alma de Mulher
em corpo de homem

Este livro vai te seduzir...

No mundo dos espíritos, Carlota, revoltada, recusa-se a reencarnar em corpo de homem. Depois de abusar da mediunidade e usar a beleza para seduzir aqueles a quem desejava explorar, Carlota cometeu muitos erros e desencarnou tragicamente. Em seu socorro, benfeitor espiritual permite que vislumbre o passado e reflita sobre a necessidade de resignar-se e retornar à Terra, desta vez deixando para trás seus encantos do passado...

Um grande sucesso da Butterfly Editora

Se você gostou do filme, vai amar o livro!

O fim é apenas o início!

AMOR ALÉM DA VIDA

O fim é apenas o início...

O romance que deu origem ao filme

RICHARD MATHESON
Autor de *EU SOU A LENDA*

Chris é casado com Annie: formam um casal apaixonado. A felicidade dos dois se desvanece quando Chris sofre um acidente fatal. No além, ele é amparado e empenha-se em ajudar seu grande amor. Annie, em desespero, pretende dar fim à própria vida... Conheça a história completa de Annie e Chris e viva emoções ainda mais intensas! Descubra, entre dois mundos, a incrível força do amor para a qual não existem barreiras.

Um *best seller* publicado pela Butterfly Editora

Não há dúvidas: a justiça divina não nos desampara.

Alguém sempre olha por nós...

A PSICOGRAFIA no TRIBUNAL
Vladimir Polízio

A psicografia no tribunal relata casos verídicos que comprovam a intervenção dos espíritos em favor daqueles que estão no banco dos réus. O autor abre um leque de informações sobre a mediunidade, os médiuns que ganharam notoriedade e analisa depoimentos que sensibilizaram a sociedade e abriram precedentes na história dos tribunais.

Lançamento da Butterfly Editora

Uma profunda reflexão sobre nossa própria existência...

Tudo pode acontecer ou já aconteceu?

O invisível — Mats Wahl

Devo estar sonhando, ninguém me vê, ninguém me ouve!

Com uma narrativa que mescla história de fantasmas e romance policial, o leitor irá sentir-se solidário com Hilmer, o estudante que se tornou uma criatura invisível e que observa, angustiado, sua nova condição, a qual ele não consegue reverter. Algo muito estranho acontece na escola onde Hilmer estudava e exige a intervenção da polícia. Empenhado em desvendar o mistério, o inspetor Fors vai até lá em busca da verdade.

Das páginas do *best seller* e das telas de cinema para a Butterfly

Egidio Vecchio

EDUCANDO CRIANÇAS ÍNDIGO

Quem são as crianças índigo que estão nascendo por toda parte e que tratam os adultos de igual para igual? Por que são tão questionadoras? Como educá-las para que cresçam saudáveis e integradas à família e à sociedade? Pais, educadores e profissionais da área da saúde precisam deste livro, único no seu gênero.

Lee Carroll & Jan Tober

CRIANÇAS ÍNDIGO

Preparadas na espiritualidade, são diferentes e estão nascendo em todos os continentes. Neste livro – traduzido para vários idiomas, *best-seller* nos Estados Unidos – pais, educadores e psicólogos encontram tudo o que precisam saber para entender e conviver com as crianças índigo – líderes de um mundo em transformação.

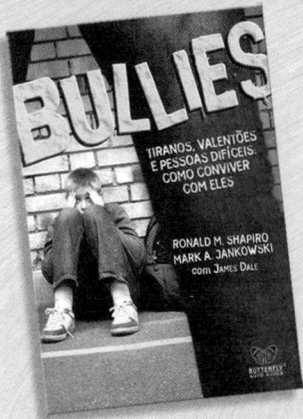

Ronald M. Shapiro e Mark A. Jankowski

BULLIES

Aprenda, neste livro, como conviver com os *bullies* e evitar que o prejudiquem. Saiba como neutralizar a ação dos tiranos que encontramos no local de trabalho, nas lojas, no trânsito, na escola, no restaurante, no clube e até mesmo entre nossos familiares...